Astuces gourmandes
pour
allergiques
de tous poils

Recettes sans lait,
sans œufs, sans gluten,
mais pleines de goût

Collection *mon grain de sel*
dirigée par Raphaële Vidaling

Cette collection donne la parole à des amateurs passionnés qui ne sont ni des chefs ni des auteurs confirmés. Les livres sont réalisés sans styliste culinaire, et donc sans aucun trucage : les auteurs cuisinent eux-mêmes les plats, les photographies sont réalisées à la lumière naturelle… et ensuite, on mange tout ! Il n'y a donc aucune raison pour que ce que vous voyez là ne ressemble pas à ce que vous serez capable de faire vous-même en suivant la recette.

www.mongraindesel.fr

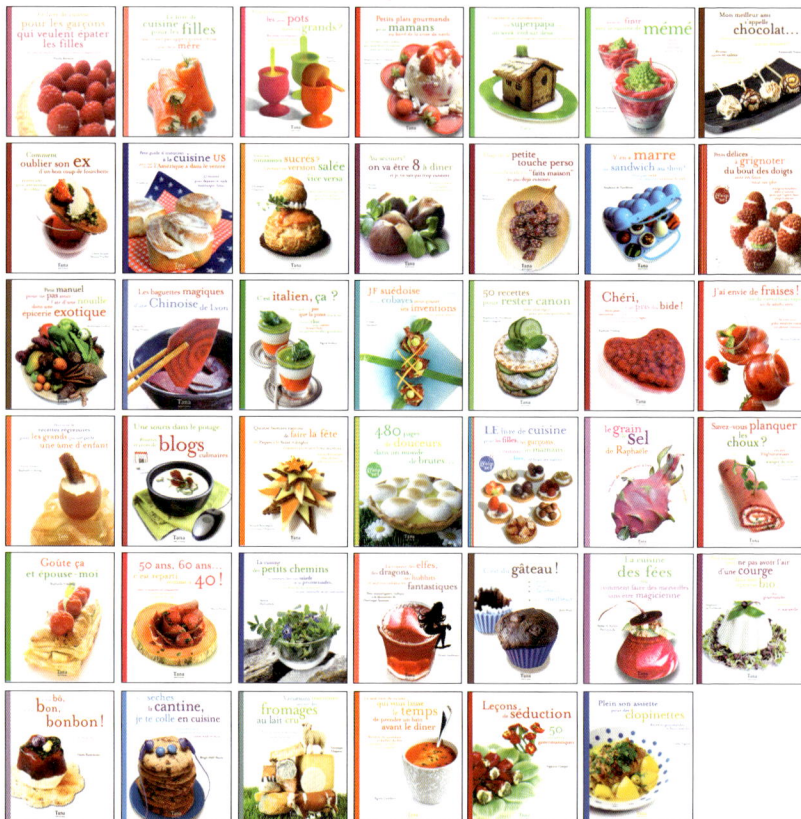

Astuces gourmandes
pour allergiques
de tous poils

Recettes sans lait,
sans œufs, sans gluten,
mais pleines de goût

Textes : Patricia Coignard

Photographies : David Reneault

Tana
éditions

Sommaire

Introduction

Recettes sans lait de vache

Recettes sans lait de vache et sans gluten

Recettes sans lait de vache et sans œuf

Recettes sans lait de vache, sans gluten et sans œuf

Introduction

Mon allergie alimentaire au lait de vache fut découverte en 1987. Une époque préhistorique où le téléphone était fixe et ne servait qu'à téléphoner et Internet n'existait pas. Quant au bio, il incarnait une tocade post-soixante-huitarde assortie d'une réputation désastreuse : s'il ne faisait pas de mal, il n'était ni beau ni bon à consommer. Donc, en ces temps modernes reculés où cuisiner asservissait, ce verdict providentiel prononcé quelques mois après mon bac détonnait. Le lait, aliment fondateur et nourricier, pouvait nuire.

Ma rémission commençait. Le début de mes ennuis aussi. Il faut dire qu'avant ce diagnostic, on m'avait ausculté sous tous les angles pendant plus d'une année. Une longue et terrible année au cours de laquelle personne ne s'expliquait les manifestations physiques bien réelles des dégâts occasionnés par le lait dans mon organisme. Et – presque – tout le monde concluait à l'expression d'une sorte de spasmophilie (une maladie très en vogue à l'époque). J'entamai alors une désensibilisation qui devait me permettre, à moyen terme, de tolérer le lait ou ses dérivés à petite dose. Ce sas entre « l'avant-allergie alimentaire » et « l'après » contribua à améliorer notablement ma santé. Mais il fut pour moi un obstacle récurrent à admettre l'évidence : je ne pourrais plus jamais m'alimenter comme par le passé.

De nos jours, les conséquences d'une telle situation, aussi contraignantes soient-elles, ne constituent plus un drame. Et c'est tant mieux. On plaint l'enfant ou l'adulte privé d'un ou de plusieurs ingrédients. La faute à la pollution, à la vie moderne. L'école s'adapte, de même que l'entourage. On découvre de nouveaux produits, disponibles dans toutes les villes de France et de Navarre. On s'offre des livres futés (!), on navigue sur Internet pour savoir comment substituer tel ingrédient par un autre.

Cet environnement favorable date de moins de quinze ans. Quant à la relative tolérance face à la différence alimentaire, elle résulte moins d'une ouverture d'esprit que d'une obligation à prendre en compte un nombre chaque année plus important de personnes intolérantes ou allergiques. Car on revient de très loin. Hier, on stigmatisait l'allergique. Pire, on le culpabilisait. Et l'exclusion sociale induite par l'allergie (impossible de manger comme tout le monde) se doublait il y a vingt ans d'une question vitale : qu'est-ce que je vais bien pouvoir avaler ?

Avec le recul, j'ai compris que le baba cool qui sommeille en chaque allergique ou intolérant tenait, sans le savoir, sa revanche : il deviendrait bobo avant l'heure. De fait, j'ai écumé avant que ce soit à la mode les échoppes achalandant de la nourriture estampillée biologique. J'ai découvert la cuisine d'ailleurs, le plus souvent exempte de produit laitiers, et appris à cuisiner fusion food sans même le savoir. Dans mes hyper préférés, je n'ai eu de cesse de traquer les moindres produits au soja, au lait de brebis, à la crème de riz ou au lait d'avoine. De confidentiels et diététiques — terme qui rappelons-le était synonyme de régime jusqu'au début des années 2000 —, les rayons « bio et naturels » se sont étoffés jusqu'à devenir un phénomène culturel. Quelle supérette n'a pas son coin dédié à la marque AB ? Si beaucoup reste encore à faire pour démocratiser plus largement les produits de substitution qui emplissent les cabas des allergiques alimentaires, le chemin parcouru est considérable.

Aujourd'hui, après vingt ans de popote « autrement », j'ai eu envie de partager mon expérience, mes astuces, mes coups de cœur. Mon fol espoir : que chaque page de ce livre transpire de cette gourmandise et de cette curiosité culinaire qui anime la cuisinière un peu particulière que je suis devenue.

Quand l'assiette devient suspecte

Il suffit souvent d'une toute petite lampée de lait, de quelques miettes de pain, d'une lichette de gâteau, d'une coquillette égarée, d'un soupçon de sauce, et c'est tout le système immunitaire qui s'affole. Lèvres gonflées, picotements au fond de la gorge, gêne respiratoire, urticaire : le corps prend les armes pour se défendre contre cette agression caractérisée. Dans les cas les plus sévères, c'est l'œdème de Quincke. Ou, heureusement plus rare mais parfois mortel, le choc anaphylactique (perturbation majeure de la circulation sanguine combinée à une chute très brutale de la tension artérielle).

Hier marginales et mal (ou pas du tout) diagnostiquées, les allergies alimentaires connaissent aujourd'hui un développement exponentiel. Elles touchent, en 2009, plus de deux millions de nos compatriotes, du nourrisson au senior, toutes catégories sociales confondues. Soit deux fois plus qu'il y a cinq ans. Un fléau contemporain qui vous gâche peut-être la vie. Ou bien celle de votre chéri(e), de l'un de vos loupiots, de votre meilleur(e) ami(e), du collègue de bureau, de Tante Lucette ou du cousin Paul.

La faute à qui ?

Les spécialistes avancent différentes hypothèses : multiplication des additifs (arômes artificiels, exhausteurs de goût, épaississants…) dans les produits agroalimentaires, utilisation de substances potentiellement allergènes pour cultiver de façon intensive les fruits et les légumes, diminution de l'allaitement maternel, diversification alimentaire trop précoce, excès d'hygiène, succès de la *world food*… Mais ces soupçons font l'objet de controverses et suscitent des débats scientifiques discordants. Car des cofacteurs tels que le stress, les infections virales à répétition,

une flore intestinale en mauvais état, une irritation de la muqueuse digestive…
seraient aussi incriminés.

Pour faire court : personne ne comprend réellement ni l'ampleur ni la recrudescence des allergies alimentaires. D'où la difficulté des allergologues à donner des conseils de prévention. Pas réjouissant.

Les allergies les plus courantes chez l'enfant et chez l'adulte

Les principaux coupables chez les 0-15 ans sont l'arachide, le blanc d'œuf, le lait de vache, le poisson, les fruits à coque (noisette, noix, noix de cajou, pistache…). Chez l'adulte, ce sont les produits d'origine végétale qui caracolent en tête des aliments responsables de troubles allergiques :

• le groupe latex : banane, avocat, châtaigne, kiwi… ;
• le groupe noix : amande, noisette, noix du Brésil, noix de cajou, pignon… ;
• les ombellifères : aneth, carotte, céleri, fenouil, coriandre, graine d'anis… ;
• les rosacées : fraise, framboise, pomme, poire, prune, abricot… ;
• les légumineuses : arachide, soja, pois, lentille, fève…

Peuvent aussi siéger sur le banc des accusés : le blé, la noix de coco, la moutarde, les moules, le poulet, le porc, le sarrasin, le quinoa…

Une allergie peut en cacher une autre

Une mauvaise nouvelle ne venant jamais seule, le corps déjà réactif à un allergène peut devenir sensible à un allergène « cousin ». Ce principe d'allergies croisées donne lieu à toutes les combinaisons possibles. Et, à ce titre, dame Nature fait preuve d'une grande créativité. Par exemple, ma copine Véronique, qui est allergique aux pollens de graminées, a dû faire une croix sur les tomates juteuses et les petites pommes de terre rissolées. Pauline, la fille d'une amie allergique aux pollens de bouleau, évite désormais de croiser dans son assiette les carottes et le céleri (ça l'arrange !), mais aussi les pommes, les poires et les framboises (moins drôle). Encore plus déroutante, bien que moins contraignante dans la vie de tous les jours, l'allergie aux acariens se combine à… l'allergie aux escargots et aux crevettes.

Allergie-intolérance : même combat ?

Pas sur le plan médical. Une allergie met la santé en péril. Tandis qu'une intolérance alimentaire, comme son nom l'indique, indispose le malheureux sujet sans pour autant attaquer sa forteresse immunitaire. Pas facile à identifier, l'intolérance se manifeste généralement, chez l'enfant, par des diarrhées, une perte de poids, un retard de croissance. Et, chez l'adulte, par des douleurs abdominales, une fatigue chronique, de la dépression, voire une gêne respiratoire.

Les deux intolérances les plus connues sont :

• celle au gluten (présent dans tous les produits à base de blé, de seigle, d'orge, de froment, d'épeautre, de kamut et d'avoine), appelée aussi maladie cœliaque ;

• celle au lactose (principal sucre du lait).

Le risque, si l'on n'y prend pas garde, est d'entretenir un climat inflammatoire qui nous fait attraper le premier virus qui passe. Donc, d'un point de vue pratique, allergie et intolérance font combat commun dans l'assiette puisque, pour ne pas en subir les conséquences, il ne faut pas en manger. CQFD.

Ô rage, ô désespoir ?

À la lecture de ce petit vade-mecum de l'allergie alimentaire, vous voilà, au mieux, informé sur un sujet qui ne vous concerne pas de près. Au pire, vous êtes totalement déprimé(e) puisque vous venez vous-même (ou bien votre conjoint(e) ou l'un de vos enfants) de rejoindre très récemment le club très peu sélect de « ceux-qui-ne-peuvent-pas-manger-comme-tout-le-monde ».

Pas de panique : des solutions, il y en a dans toutes les pages à suivre.

Oui, on peut s'évader du bagne…

Voilà, le diagnostic est tombé. Votre organisme est allergique ou intolérant à tel ou tel aliment. Seule solution pour contrer cette hypersensibilité : le régime d'éviction. Quand l'allergologue vous annonce que le simple (!) retrait d'un ou des ingrédients incriminés suffit à stopper toutes les manifestations physiques que vous subissez depuis des mois ou des années, la joie vous étreint. Mais, de retour chez vous, cette victoire prend très vite un goût amer. Car l'éviction érigée en panacée s'impose, au quotidien, comme une vraie galère.

Concrètement, remplir son chariot devient une course d'obstacles, un parcours du combattant. Il faut lire TOUTES les étiquettes. Plus exactement, décoder la liste d'ingrédients de chaque produit. De la tablette de chocolat aux pâtes, du pot de moutarde à la soupe en brique, du poisson pané surgelé à la margarine, rien ne doit échapper à votre minutieuse – et fastidieuse – auscultation. Parce que le retrait du lait de vache, tel est mon cas depuis vingt ans, implique non seulement le retrait du lait en lui-même, de la crème et du beurre, mais aussi de tous les produits contenant du lactose, du lactosérum, des lactoprotéines, etc. Une vigilance qui ne souffre aucune exception. Mais s'il n'y avait que cela…

L'éviction vous pourrit aussi la vie sociale. Bruncher chez des amis ou – compliquons la donne : chez des amis d'amis que vous n'avez encore jamais rencontrés –, déjeuner au restaurant avec votre boss et vos collègues, dîner le vendredi chez Mamie Marie, des situations parmi des dizaines d'autres qui vous obligent 1/ à rappeler, avant l'heure dite, votre allergie ou votre intolérance alimentaire à qui officie en cuisine ; 2/ à imposer un mode opératoire particulier (« remplace le beurre par de l'huile d'olive ») ; 3/ voire carrément mais gentiment à fermement exiger le changement de menu. Sans parler de la cantine scolaire des enfants et des invitations aux anniversaires dont il est impératif d'anticiper toutes les composantes. Dans notre cher pays, sans doute l'un des derniers bastions au monde où manger demeure un acte autant vital que culturel, la différence alimentaire est perçue, par autrui, comme un emmerdement et vécue, par l'allergique, comme une véritable malédiction. Pourtant, il ne tient qu'à vous de transformer ce mauvais coup du sort en sacerdoce assumé.

Le secret : faites-vous plaisir !

Tous les allergiques et intolérants vous le confirmeront : même sous la contrainte d'un régime alimentaire rigoureux, il existe bel et bien une vie de gourmandise à croquer à pleines dents ! Certes, chambouler radicalement ses habitudes culinaires bouscule les papilles, déroute les modes opératoires au supermarché et derrière les fourneaux. Mais, ce temps d'adaptation passé, on retrouve, croyez-moi, le bonheur de mitonner de bons petits plats, celui ensuite de les savourer. Ces plaisirs simples doivent même s'imposer comme votre nouvelle ligne de conduite lorsque vous établissez votre liste hebdomadaire de courses ou recevez les voisins pour un apéritif dînatoire. Plus de soupe à la grimace quand vous partez à l'abordage des nouveaux venus dans votre assiette (farine de quinoa, boulgour, crème de riz, lait d'amande, yaourt au lait de brebis…). Embarquez-vous au contraire pour un voyage au long cours qui vous fera aborder un univers de saveurs insoupçonnées. En nouveau conquistador du goût, vous allez faire fureur dans les dîners en ville — « Ce flan cacao-café à l'agar-agar que j'ai préparé hier soir pendant les devoirs de Pauline, une tuerie ! » —, votre réjouissante créativité épatant toute la galerie des « foodistas ». Il est de nouveau de bon ton de manger sain, délicieux et original. Profitez-en, c'est votre quotidien.

Le b.a.-ba de la substitution

Comment se passer d'œufs et de farine quand on adore les pâtisseries ? De lait pour faire une crème anglaise, de la pâte à crêpes ou un milk-shake ? De crème pour monter une chantilly ou cuisiner une blanquette de veau ? De beurre pour un fondant au chocolat ou une béchamel ? Eh bien, en revisitant votre grammaire culinaire !

Et que raconte votre nouveau Bescherelle ? Il vous apprend tous les trucs et astuces pour remplacer le ou les aliments interdits par un autre. Cet art de la substitution est le sésame d'une cuisine pleine de goûts et inventive. Il ouvre le champ de tous les possibles, s'affranchit de tous les obstacles qui jalonnent votre alimentation d'allergique ou d'intolérant. D'abord intrigué par tant de nouveautés, votre palais de gourmet va en redemander. Promis, juré ! Car, à de rares exceptions près, il est possible d'adapter toutes les recettes traditionnelles. Le guide non exhaustif à suivre est tiré de ma propre expérience, de mes inspirations gourmandes comme de mes ratages mémorables et des pistes festives relatées par d'autres aventuriers du « cuisiner autrement ». Il ne tient qu'à vous de le compléter au fil de vos découvertes culinaires.

Remplacer la farine de blé

C'est l'un des ingrédients clés de notre alimentation, qui intervient dans une majorité de recettes salées et sucrées. D'autres farines méritent pourtant qu'on leur accorde de l'attention et une place de choix dans nos placards. Elles s'utilisent seules ou, le plus souvent, associées à une autre. À vous de tester les dosages les plus adéquats en fonction du plat et de vos goûts.

Farine de riz
Blanche ou complète, elle apporte beaucoup de légèreté aux préparations salées et sucrées, y compris au pain. Un peu plus sèche que la farine de blé et de goût neutre, il est intéressant de la mélanger à de la farine de châtaigne, de quinoa ou de sarrasin pour plus de moelleux et pour exalter les saveurs. Attention : comme elle ne lève pas, il est impératif d'utiliser de la levure sans gluten (voir plus loin).

Farine de châtaigne
Son goût rustique et parfumé apporte une délicieuse saveur à la crème anglaise, à la pâte à crêpes ou aux clafoutis. Un peu grumeleuse, il est recommandé de la tamiser pour l'alléger. Pour atténuer sa saveur rustique qui n'emballe pas tout le monde, je l'utilise souvent associée à de la farine de riz ou à un lait végétal.

Farine de quinoa
Elle remplace aisément la farine de blé dans le pain et les recettes de desserts. Mais son goût prononcé, bien que délicieux, supporte d'être associé aux saveurs

d'autres farines (riz, fécule de pomme de terre). Dans une pâte à tarte ou un gâteau, elle exalte le goût des fruits rouges et des poires.

La farine de sarrasin

Faites avec le sarrasin, plus connu sous le nom de « blé noir », bien que n'appartenant pas à la famille du blé, cette farine s'utilise traditionnellement pour confectionner la pâte des galettes bretonnes. Mais pas seulement. Son goût original apporte une touche de « je ne sais quoi » aux blinis, aux ravioles, aux pains et aux terrines de légumes. Pour contrer sa texture un peu sableuse, il est indiqué de l'associer à de la fécule de pomme de terre, de la farine de riz, voire de la farine de châtaigne. Les becs sucrés l'apprécieront avec des abricots, des pommes et des pêches.

Remplacer la levure chimique

Contenant souvent de l'amidon de blé, la levure chimique ne doit pas entrer dans la composition des plats des personnes allergiques ou intolérantes au gluten. On la remplace soit par de la poudre levante sans gluten (deux marques disponibles en magasins bio : Pural et Nat-Ali), soit par du bicarbonate de soude (appelé aussi bicarbonate de sodium), très économique et aussi efficace que la levure chimique. Quid de la levure de boulanger ? Elle est naturellement sans gluten. La levure fraîche l'Hirondelle (groupe Lesaffre) est référencée par l'Association française des intolérants au gluten (AFDIAG). Pour les autres marques, vérifiez quand même la composition. Au cas où…

Remplacer le lait de vache

Le lait de vache et ses produits dérivés (la crème, le beurre, le fromage) constituent certainement le deuxième ingrédient le plus fréquemment rencontré dans notre patrimoine gastronomique. Dès lors que l'on admet que ses substituts donneront un résultat différent, mais tout aussi intéressant, en terme de goût et de texture, la vie devient plus belle !

Lait de soja (sans gluten)

Impossible de faire sans lui. Sa texture dense et onctueuse rappelle celle du lait, et il contient autant de protéines. Je l'utilise en même quantité que le lait d'origine animale dans les sauces blanches, les flans, les entremets, la crème brûlée et les biolaits (milk-shakes). Pour la pâte à crêpes ou à gaufres, je l'associe au lait de riz pour plus de légèreté. Son goût, un peu rêche et amer dans sa version nature, n'est pas très plaisant. Pour boire ou verser sur des céréales, préférez le lait de soja estampillé « douceur » ou aro-

matisé (chocolat, vanille, fruit). Une réserve : comme il est riche en isoflavones (un phyto-œstrogène), l'Agence française de sécurité sanitaire des aliments (AFSSA) déconseille de donner du soja, y compris sous forme de lait, aux enfants de moins de trois ans et recommande environ 15 cl/jour chez les plus de trois ans et entre 20 et 30 cl/jour chez l'adulte.

Lait de riz (sans gluten)
Un autre produit de base à toujours avoir sous la main. Très fluide, discret et délicat au palais, stable à la chaleur, il remplace avec talent le lait de vache dans presque toutes les recettes de crèmes, de sauces, de desserts et de biolaits. Si la texture est trop souple, associez un quart de lait de soja à la quantité indiquée. Le lait de riz m'est également très utile pour lier une purée de pommes de terre ou de légumes et détendre une soupe trop épaisse.

Lait d'amande (sans gluten)
Ce lait végétal doux et léger booste les saveurs des flans salés, des potages et, pourquoi pas, des béchamels. Je l'adore dans le riz au lait chocolaté et les biolaits (associé au lait de soja). Seul bémol : il est contre-indiqué pour les allergiques aux fruits à coque (comme l'arachide).

Lait de quinoa (sans gluten)

Digeste, onctueux, riche en protéines et en glucides lents, ce lait végétal très nutritif s'impose comme une solution de choix pour réaliser vos desserts, notamment les crêpes et les riz au lait.

Autres laits végétaux

Le lait de châtaigne (sans gluten, on l'adopte pour les entremets et les biolaits pour son parfum d'automne inimitable), le lait de noisette (sans gluten, idéal pour les gratins, desserts, soupes de légumes… tout sied à son goût praliné), le lait d'avoine (il contient du gluten et est gorgé d'oligoéléments, de vitamines et de fibres ; cette boisson très nutritive et authentique atout vitalité pendant les frimas de l'hiver est à son aise tant dans les recettes salées que sucrées).

Remplacer la crème fraîche

« Aïe ! ça se corse », disent tout haut les ayatollahs du goût. Et pensent tout bas les futurs ou récents membres de l'amicale des « comment-faire-pour-cuisiner-en-l'absence-d'un-ingrédient-star ». Foi d'allergique gourmet et gourmande, la reine de Normandie possède des dauphines qui valent le détour. Bien sûr, je le répète, on ne compare pas ce qui n'est pas comparable. C'est une question de chimie : les qualités gustatives et culinaires de la crème fraîche sont uniques. Ce postulat accepté, j'ai osé faire des quiches moelleuses et des veloutés de légumes avec de la crème de soja liquide, un moelleux au chocolat avec un yaourt au lait de brebis, une crème caramel au tofu soyeux. Et vous savez quoi ? Ma tablée en a redemandé.

Crème de soja liquide

Le substitut le plus classique et le plus démocratisé. Les briques de 20 cl ont investi, depuis une dizaine d'années, une majorité des gondoles. Son arrière-goût déroutant pour les palais novices s'est bien estompé au fil des ans. Facile d'utilisation, sa consistance onctueuse convient parfaitement à la préparation de quiches, de gratins et de plats en sauce, de crèmes desserts, de ganache, du pain d'épice et de cakes.

Crème de riz

Je l'ai découverte il y a deux ou trois ans. J'adore sa texture bien épaisse et son goût neutre. Elle apporte du moelleux aux quiches. La touche crémeuse qui fait la différence dans la blanquette de veau, la béchamel des lasagnes et dans tous les desserts (des crèmes aux tartes « normandes », en passant par les truffes).

Crème de coco

Si vous détestez la noix de coco, passez votre chemin. Son goût marqué ne s'estompe jamais complètement, y compris

après cuisson. Pour les autres, sa saveur exotique enrichit les poissons, les plats mijotés et les desserts, surtout ceux au chocolat. Très crémeuse, elle veloute aussi les soupes. Son utilisation est incontournable pour monter une crème Chantilly digne de ce nom, avec du sucre glace et dans un récipient très froid pour qu'elle soit bien ferme.

Yaourt au lait de brebis brassé

Certains allergiques ou intolérants au lait de vache ne le supportent pas. Moi, j'ai la chance de pouvoir en manger sans désagrément. Donc, je ne m'en prive pas. Depuis qu'il est commercialisé « à la grecque », donc moins compact et débarrassé du léger arrière-goût salé présent dans le classique en petit pot de verre, je l'utilise encore plus souvent. Dans les quiches, en fin de cuisson pour lier une sauce, dans le moelleux au chocolat ou la crème renversée, c'est un régal !

Tofu soyeux

Ne vous arrêtez pas au premier mot – tofu (du lait de soja qui a coagulé) –, précédé d'une mauvaise réputation. Grosso modo, celle d'un fromage végétal vanté par toute la presse culinaire et plein de grands chefs renommés qui, une fois préparé chez soi, se révèle être un ingrédient insipide et un peu caoutchouteux. Si erreur il y a, ce n'est pas sur le produit en lui-même, mais sur le casting, le tofu commercialisé en France étant de piètre qualité. Au pays du Soleil-Levant, il est – paraît-il – divin. Sa version plus raffinée, le tofu soyeux, est, elle (aussi), un petit bijou à découvrir. D'accord, dans sa barquette, le produit blanchâtre et vaguement gélatineux n'est pas très engageant. Pourtant, sa consistance, proche de celle du flan, fait merveille dans la crème au chocolat, qu'il rend onctueuse et… véritablement soyeuse. Idem dans les flans sucrés et salés, les mousselines et les mousses de fruits, puisque que le tofu soyeux se fouette ou se mixe avec une grande facilité. Lancez-vous. Le résultat est garanti !

Remplacer le beurre

« Impossible ! », s'exclament en chœur les dogmatiques du goût. Il y a quelques années, j'ai pourtant convaincu une formidable cuisinière, responsable d'un salon de thé à Senlis, de me préparer son célèbre fondant au chocolat avec une margarine végétale bio (ma préférée : celle de la marque Bonneterre). D'abord franchement choquée par ma demande (« Je suis catégorique, c'est impossible de faire cette recette sans beurre. »), cette fondue de la baratte, chez laquelle je fêtais mon anniversaire, a finalement accédé à ma requête. Mais à une condition (elle m'a demandé de jurer « croix de bois, croix de fer ») : « Vous ne le dites à personne ! » J'ai tenu ma promesse. Vérité vraie, mes invités, repus et ravis, sont tous allés la féliciter pour son divin dessert. Pourquoi cette anecdote ? Pour vous prouver que les idées reçues et autres vérités prêtes-à-penser n'ont pas droit de cité dans votre nouvelle approche culinaire.

Revenons à nos moutons : dans les recettes salées et sucrées, on remplace le beurre par de la margarine végétale, de qualité et non hydrogénée, à quantité égale. Envie d'ensoleiller vos assiettes ? Alternez avec de l'huile d'olive bio, première pression à froid. Y compris dans certains desserts.

Les purées d'oléagineux, vous connaissez ?

Je les ai découvertes, pour ma part, à travers les recettes inspirées et inspirantes de Valérie Cupillard, auteur de livres culinaires cent pour cent bio. Fabriquées à base de fruits secs broyés (amande, sésame, noisette, noix de cajou…), ces pâtes, très goûteuses et gorgées de vitamines B, E et d'oligoéléments, remplacent le beurre ou la crème fraîche. Elles s'incorporent pendant ou après la cuisson d'une soupe ou se délaient dans de l'eau tiède pour faire un nappage. La purée d'amandes est précieuse pour préparer une sauce blanche, une crème pâtissière ou un fond de tarte.

Agar-agar : késako ?

Entièrement naturelle et végétale, cette gélatine est fabriquée à partir d'une algue rouge. Elle se présente sous forme de poudre ou de plaque séchée. Avec elle, pas besoin de mettre des œufs dans les flans salés ou sucrés, dans les terrines de légumes, dans les gelées et les mousses compactes. Question proportion, 1 ou 2 g suffisent dès les premiers bouillons. Son pouvoir gélifiant est huit fois supérieur à celui de la gélatine classique d'origine animale. Du coup, on s'amuse aussi avec les enfants à créer des formes étonnantes une fois la préparation refroidie et démoulée (bâtonnets, dés, boules…).

Ça s'achète où, tout ça ?

L'idéal, c'est le magasin bio du quartier ou une antenne du réseau Biocoop (www.biocoop.fr), toujours bien achalandée et très compétitive en termes de prix. Pourquoi faire prévaloir la filière bio par rapport à la classique ? Pour la qualité et la diversité des produits. Vous y trouverez sans problème de la farine de riz, de quinoa, de châtaigne, etc. Idem pour les laits végétaux, le tofu soyeux, l'agar-agar, l'arrow-root, les purées d'oléagineux, la margarine végétale non hydrogénée (par exemple « Tartine et cuisine » de Bonneterre) et les yaourts au lait de brebis. En grande distribution, la chasse aux produits se révèle toujours plus hasardeuse en fonction de la ville ou de la région. Le bio a aussi tout bon quant aux compositions des produits qui, pour des questions d'engagement éthique et d'équilibre alimentaire, se résument au strict nécessaire. En clair, pas de dérivés de blé, de lait de vache, de maïs ou d'œufs planqués derrière des appellations incompréhensibles pour les profanes. Privilégier la filière bio, quand ses finances le permettent, c'est, enfin, s'inscrire au quotidien dans une démarche citoyenne et de développement durable.

Cela dit, n'étant versée ni dans le prosélytisme ni dans le jusqu'au-boutisme, je fréquente toutes les semaines l'hypermarché du coin pour faire le plein de crème de soja, de crème de riz cuisine, de coco et de lait de soja. J'y trouve aussi facilement du lait de riz, de quinoa, d'amande et de châtaigne. Donc, à vous de composer votre parcours de courses selon vos besoins, vos moyens et vos envies.

Oui, c'est un peu plus cher

Je n'ai pas envie de vous raconter des bobards. Cuisiner avec des produits qui sortent des sentiers battus (dont certains ne s'achètent qu'en magasins bio) et, de surcroît, équilibrés (= variés) va malmener votre bourse. J'entends déjà maugréer les pourfendeurs de la malbouffe : « C'est faux, on peut manger bon et pas cher ! » C'est, en partie, vrai. Notamment pour le « sec » (semoule, pâtes, riz, polenta…) et les fruits et légumes de saison. Mais tout le reste du chariot des allergiques ou des intolérants est constitué de produits « hors norme », commercialisés dans des rayons spécialisés, hier planqués au fond des magasins, aujourd'hui ayant acquis leurs lettres de noblesse grâce à une relative démocratisation du bio. Pourtant, bien qu'ils aient désormais pignon sur gondole, tous ces laits végétaux, crèmes de riz et de soja, farines sans gluten et autres coûtent bien plus cher. Donc, la note sera plus salée.

Une fois cette vérité établie, on compose avec. Pour les produits « alternatifs », un peu d'achats en grandes surfaces, un peu en magasins bio. Pour les fruits et légumes, privilégiez la récolte de saison sur les étals de votre marchand de primeurs, pour la fraîcheur et les couleurs. Sans se priver des bienfaits nutritionnels et pratiques des conserves et des surgelés. Oubliez également les plats préparés, désormais bannis de votre assiette pour cause d'ingrédients prohibés. Une bonne nouvelle puisqu'ils sont chers, trop sucrés, trop gras et trop salés. Offrez-vous le kit de base de la cuisinière – un épluche-légumes, une spatule en bois, un presse-purée, une planche à découper, un mixeur plongeur, un batteur électrique, pour mitonner au quotidien du « fait maison » simple et bon, et accommoder tous les restes (vu le prix prohibitif de certaines denrées !). Dès que l'occasion se présente, adoptez un robot multifonction. Silencieux, efficace, d'entretien facile, votre nouveau compagnon vous épaulera fidèlement dans la réussite des recettes, des plus simples aux plus élaborées.

Contacts et infos utiles

www.cicbaa.org
Le site du Centre d'investigations cliniques et biologiques en allergologie alimentaire. Utile : des fiches pratiques en cas de régime d'éviction, un lexique des termes médicaux relatifs à ce type d'allergie.

www.allerg.qc.ca
Site francophone sur les allergies, avec de nombreux conseils.

www.afdiag.org
Association française des intolérants au gluten.

À vos marques, prêts… partez !

Tout de suite, repensez le contenu de vos placards ! Si, par bonheur, vous venez de lire les pages qui précèdent avant celle-ci, vous savez, preuves à l'appui, qu'un nouvel univers gourmand se profile à la porte de votre cuisine. Accueillez ce nouvel hôte comme il se doit, c'est-à-dire en lui donnant les moyens de vos ambitions. Comment ? Tel un chef d'orchestre qui passe de la musique de chambre au jazz, recomposez le contenu de votre placard en fonction des nouvelles partitions culinaires à jouer. La liste ci-dessous n'est pas exhaustive, mais vous permettra de parer à l'essentiel, été comme hiver.

À avoir toujours en stock

Dans le placard

- des briques de lait végétal et de coco
- des petites briques de crème de riz, de soja, de coco
- de la farine de riz, de sarrasin, de châtaigne
- de la fécule de pomme de terre
- des herbes lyophilisées
- de l'huile d'olive
- une ou deux purées d'oléagineux (d'amandes, de noisettes…)
- du gomasio (sésame grillé qui remplace le sel)
- des graines (lin, pavot, sésame)
- des épices (curry, paprika, curcuma, cannelle, gingembre, cardamome, cumin, cinq-épices…)
- du piment d'Espelette
- des pâtes (avec ou sans gluten selon l'allergie ou l'intolérance)
- des pâtes de riz
- de la polenta (pour les recettes sucrées et salées)
- du quinoa (le translucide, mais aussi le rouge, plus croquant, au goût de noisette)
- des lentilles vertes, des lentilles corail

- de la semoule de blé dur (si toléré)
- du boulgour (si toléré)
- du coulis de tomates ou des tomates pelées en boîte
- du thon et des sardines en boîte (pour les pâtes à tartiner maison)
- des légumes en conserve (haricots verts, petits pois, maïs)
- du riz (basmati, complet, rond)
- des pommes de terre
- de l'ail, des oignons, des échalotes
- des fruits en conserve (desserts minute, clafoutis au débotté…)
- du miel
- du sucre en poudre non raffiné
- du sucre glace sans gluten
- des sachets de thé
- de la chicorée soluble
- un sachet d'agar-agar
- une gousse de vanille
- de la crème de marrons en pot
- de la poudre d'amandes

Dans le réfrigérateur

- des yaourts au lait de brebis (si toléré) et au lait de soja
- de la margarine végétale non hydrogénée
- des œufs
- du jambon de dinde et du jambon blanc
- des lardons
- du fromage de chèvre et de brebis (si toléré)
- de la pâte à tarte brisée, sablée et à pizza (sans gluten, sans lait de vache et sans œuf)
- des crudités de saison
- des herbes aromatiques fraîches
- des fruits de saison

Dans le congélateur

- des herbes aromatiques
- de l'ail, des oignons, des échalotes
- des légumes verts (épinards, pois gourmands, haricots blancs…)
- des soupes de légumes (sans crème ni lait)
- des filets de poisson
- de la viande
- un sac de mélange de crustacés
- des fruits en morceaux

Maîtrisez vos nouveaux produits de base

Connaître les substituts aux produits bannis souvent ad vitam æternam, c'est bien. Savoir les utiliser pour préparer en un tour de main toute la cuisine du quotidien, c'est mieux. Vous avez le droit de modifier les recettes et d'en inventer de nouvelles. Pas de dogmatisme dans la cuisine « sans »… Juste l'envie de se régaler. Tour d'horizon des recettes incontournables, à utiliser bien sûr en fonction de son allergie ou de son intolérance, mais aussi au gré de ses envies.

Les pâtes

Pâte brisée à la farine de riz
(sans lait de vache, sans œuf et sans fruit à coque)

Ingrédients
- 160 g de farine de riz
  + un peu pour le plan de travail
- 60 g de farine de quinoa
- 3 c. à s. d'huile d'olive
- 5 cl de lait de soja

Mélanger les farines à la main. Ajouter l'huile d'olive puis le lait. Pétrir et former une boule de pâte. Saupoudrer le plan de travail de farine et étaler la pâte au rouleau. Déposer dans le moule et garnir.

Pâte brisée à la farine de sarrasin

(sans lait de vache, sans gluten et sans fruit à coque)

Ingrédients

· 150 g de farine de sarrasin
  + un peu pour le plan de travail
· 150 g de farine de riz
· 130 g de margarine végétale
  non hydrogénée
· 1 œuf

Couper la margarine en morceaux. Casser l'œuf dans un bol et le fouetter. Mettre la farine, le sel, l'œuf battu et 3 c. à s. d'eau dans un saladier. Pétrir à la main et former une boule. L'envelopper dans un torchon propre et la laisser reposer au réfrigérateur pendant 1 h. Saupoudrer le plan de travail de farine sans gluten et étaler la pâte au rouleau. Déposer dans le moule et garnir.

Pâte à pizza

(sans lait de vache, sans gluten, sans œuf et sans fruit à coque)

Ingrédients pour 1 pizza

· 120 g de farine de riz
  + un peu pour le plan de travail
· 80 g de farine de sarrasin
· 3 c. à s. d'huile d'olive
· 1 sachet de levure de boulanger
  sans gluten ou 8 g de levure fraîche
· 1 c. à c. de sel

Émietter la levure dans 10 cl d'eau tiède. Ajouter 1 c. à s. de farine de sarrasin. Laisser lever pendant 10 min. Mettre dans un saladier tous les ingrédients et les ajouter au mélange de farine et de levure. Pétrir à la main longuement. Laisser reposer pendant 1 h sous un torchon à température ambiante. Saupoudrer le plan de travail de farine sans gluten et étaler la pâte au rouleau à pâtisserie. Étaler sur une feuille de papier sulfurisé et garnir.

Pâte sablée sans gluten

(sans lait de vache, sans œuf, sans gluten et sans fruit à coque)

Ingrédients

· 100 g de farine de riz ou de quinoa
· 30 g de farine de châtaigne
· 90 g de fécule de pomme de terre
· 80 g de margarine végétale
 non hydrogénée
· 30 g de sucre en poudre complet
· 5 cl de lait de riz ou d'eau

Couper la margarine en morceaux. Mélanger avec les doigts les farines et la fécule de pomme de terre. Ajouter le sucre et la margarine puis mélanger. Ajouter progressivement le lait de riz ou l'eau et pétrir pour obtenir une boule homogène. Étaler dans le moule et garnir.

Quelques astuces pour les pâtes à tarte

• Mélangez les ingrédients dans un robot : c'est plus rapide et plus efficace. Une boule de pâte réussie doit être souple, c'est-à-dire ni trop sèche ni trop humide. Donc, n'hésitez pas à ajouter de l'eau ou du lait végétal pour lui donner plus d'onctuosité.

• Si vous avez le temps, faites reposer votre boule de pâte pendant 1 ou 2 h au réfrigérateur (enveloppée dans un torchon propre). Elle n'en sera que plus facile à travailler ensuite.

• La pâte sablée, plus friable et plus collante, s'étale moins aisément. Le petit truc qui fait la différence : déposez du film alimentaire sur la boule de pâte et passez le rouleau à pâtisserie.

• Personnalisez vos pâtes à tarte en ajoutant, pour les recettes salées, 1 pincée d'herbes aromatiques (thym, marjolaine, ciboulette, herbes de Provence…), des graines (sésame, lin, pavot) ou des paillettes d'algues (le mélange salade de la mer, nori, dulce par exemple) ; et, pour les recettes sucrées, quelques graines de vanille ou de l'eau de fleur d'oranger ou de lavande.

• Besoin d'un fond de tarte ? Utilisez l'une des recettes de pâte (sauf la pâte à pizza) et faites-la « cuire à blanc » (c'est-à-dire non garnie) dans un four préchauffé à 210 °C de 15 à 20 min.

• Astuce pour parfumer la pâte sablée : ajoutez 3 c. à s. de cacao en poudre non sucré à la recette.

• Pas le temps, pas envie de cuisiner ? Ayez toujours en stock dans le réfrigérateur des pâtes prêtes à l'emploi sans gluten et sans lait de vache que l'on trouve dans les magasins bio.

Pâte à crêpes et à gaufres
(sans lait de vache et sans gluten)

Ingrédients pour une dizaine de crêpes
· 200 g de farine de riz
· 50 g de farine de châtaigne ou de quinoa
· 3 œufs
· 70 cl de lait de riz ou d'eau (au goût)
· 2 pincées de sel

Délayer tous les ingrédients puis laisser reposer pendant 30 min. Délayer si nécessaire avec un peu d'eau.

Les sauces

(sans lait de vache, sans œuf et sans gluten)

Quand on est allergique, avec quoi peut-on manger les légumes croquants de l'apéro ? Des sauces, pardi ! Mais « à votre façon ». Avec les invités : ne dévoilez pas vos secrets de cuisine et laissez parler leurs papilles, qui sont infiniment moins sectaires que leur tête.

Béchamel

À utiliser dans des lasagnes, des endives au jambon, des gratins de légumes et des pâtes façon « carbonara ».

Ingrédients

- 1 c. à s. de margarine végétale non hydrogénée ou 1 c. à s. d'huile d'olive
- 30 g de farine (de sarrasin, de riz…)
- 50 cl de lait (de riz ou de soja naturel, c'est-à-dire ni aromatisé ni adouci)
- noix muscade râpée
- sel et poivre

Mélanger la margarine ou l'huile et la farine dans une casserole sur feu doux. Ajouter progressivement le lait en battant énergiquement avec un fouet jusqu'à ce que le mélange épaississe. Si la texture n'est pas assez épaisse, ajouter un peu de farine. Ajouter 2 ou 3 pincées de noix muscade. Saler et poivrer.

Deux sauces façon mayonnaise

Ingrédients

- 2 c. à s. de crème de riz ou de crème de soja épaisse bien froide
- 1 c. à c. de moutarde
- huile de tournesol ou d'olive
- sel et poivre

Mélanger la moutarde et la crème de riz dans un petit bol. Ajouter progressivement de l'huile en fouettant le mélange au batteur électrique. Saler et poivrer.

Ingrédients

- 2 c. à s. de purée d'amandes
- 2 c. à s. de jus de citron
- huile de tournesol ou de colza
- sel et poivre

Mélanger la purée d'amandes végétale et le jus de citron dans un petit bol. Ajouter progressivement de l'huile en fouettant le mélange au batteur électrique. Saler et poivrer.

Les petits « plus »

Une fois la mayonnaise montée et bien ferme, ajouter l'équivalent de 1 c. à s. d'herbes aromatiques hachées (persil, basilic, estragon, marjolaine…) ou 1 c. à c. d'épice (curry, muscade, cumin, paprika, curcuma…).

Sauce façon béarnaise

Ingrédients

- 5 c. à s. de crème de riz
- 6 c. à s. d'huile de tournesol ou d'olive
- 1 c. à c. de vinaigre de vin
- 1 c. à s. d'estragon ciselé
- 1 c. à s. de cerfeuil ciselé
- 1 échalote
- sel et poivre

Éplucher et hacher l'échalote. Faire tiédir la crème de riz dans une casserole jusqu'à ce qu'elle épaississe. Hors du feu, ajouter 1 c. à s. d'huile et le vinaigre puis mélanger soigneusement. Incorporer de la même manière et progressivement le reste de l'huile. Une fois le mélange bien homogène, ajouter les herbes et l'échalote. Saler et poivrer.

Les coulis de légumes

Pour donner un air de fête au quinoa, aux légumineuses ou à une assiette de crudités, mais aussi aux pommes de terre vapeur et, pourquoi pas, aux pâtes, au riz et à la polenta, les coulis de légumes sont sensationnels ! À préparer à l'avance (voire à congeler en petits sacs individuels), parce que c'est plus pratique et que, le soir, ça dépanne toujours.

Le mode opératoire est toujours le même : laver et détailler deux ou trois légumes de saison (aubergine, carotte, courgette, poivron, épinard…). Les faire revenir à la poêle dans un peu d'huile d'olive. Les cuire à l'eau ou à l'étouffée. Les hacher très finement avec un peu d'eau de cuisson ou de lait de riz. Saler et poivrer. Et ajouter, selon le contenu de votre placard et l'humeur, des herbes aromatiques, une épice et des graines (sésame, lin, pavot…). À table !

Les crèmes dessert

Ganache au chocolat

(sans lait de vache, sans œuf, sans gluten et sans fruit à coque)

Sur une tarte, dans les truffes, les bûches de Noël ou pour napper un gâteau, la ganache est un in-con-tour-na-ble. Comment fait-on quand son principal constituant (la crème fraîche) nous est interdit ? On s'en passe, pardi !

Ingrédients

· 200 g de chocolat noir à cuire (le plus fort en cacao possible, en vérifiant qu'il ne contient pas de gluten)
· 30 g de sucre en poudre bio
· 20 cl de crème de soja liquide

Faire fondre le chocolat sur feu très doux avec 3 c. à c. d'eau dans une casserole (ou, encore mieux, au bain-marie). Hors du feu, incorporer le sucre et, progressivement, la crème de soja en mélangeant avec soin. Pour que la ganache soit bien lisse et crémeuse, reposer la casserole pour quelques instants sur le feu très doux.

Crème pâtissière

(sans lait de vache et sans gluten)

Ingrédients
- 4 œufs
- 100 g de sucre en poudre non raffiné
- 50 g de farine de riz
- 50 cl de lait d'amande ou de soja
- quelques graines de vanille

Mettre les œufs, la farine, le sucre et les graines de vanille dans un récipient. Mixer au robot ou au batteur électrique pendant 1 min pour que la crème soit bien fluide. Faire chauffer dans une casserole sur feu doux jusqu'à ce que le mélange épaississe. Si la crème paraît épaisse, pas de panique : elle se détend à froid. Incontournable en pâtisserie pour garnir les tartes, les choux et les pithiviers.

Crème Chantilly

(sans lait de vache, sans œuf et sans gluten)

Légère et savoureuse, elle va avec tout ! C'est du moins ce qu'affirme mon mari, un fondu de ladite crème, qu'il dévore à pleines cuillerées. Bien sûr, ma version, exempte de crème fraîche, ne possède pas la même saveur que l'originale. Mais, si vous respectez bien le vade-mecum, la variante à la crème de coco n'aura rien d'un succédané. Et la texture obtenue est franchement bluffante. À servir très froid avec des fruits, un gâteau, une crème au chocolat ou pour garnir vos desserts.

Ingrédients
- 1 brique de crème de coco
- 2 c. à s. de sucre glace (sans gluten)

Laisser la brique de crème de coco, le bol et les fouets du batteur électrique au congélateur pendant 15 min. Verser la crème dans le bol et la battre à vitesse rapide, comme pour des œufs en neige. Il faut être patient, car le résultat vaut le coup ! Quand la crème est bien ferme, ajouter progressivement le sucre. Il est permis de lécher le plat une fois que toute la tablée s'est régalée.

Comment utiliser ce livre ?

Vous êtes allergique au lait de vache ?

La totalité du livre est faite pour vous : aucune recette n'en utilise. En revanche, j'utilise des yaourts ou du fromage de brebis.

Vous êtes allergique aux œufs ou au gluten, voire aux deux ?

Des chapitres vous sont spécialement dédiés, dans lesquels ces ingrédients sont exclus. Toutefois, **prenez la peine d'aller aussi jeter un œil aux recettes des autres chapitres : un grand nombre d'entre elles sont également conçues sans œuf et sans gluten !** Vous en trouverez le détail dans l'index thématique (p. 158).

Ensuite, à l'intérieur des chapitres, les recettes ont été classées selon l'ordre suivant : d'abord les entrées, puis les plats, puis les desserts, afin que vous puissiez y puiser des idées de menus.

Recettes sans lait de vache

Des petits trucs qui rendent service

**Vous pensez
peut-être : pas de lait
de vache = carence en calcium**
Que nenni ! Les laits végétaux sont plus
facilement assimilés par l'organisme que le lait
d'origine animale. Ceux à base d'amandes,
de châtaignes, de quinoa et de noisettes sont
naturellement dotés en calcium. Pour les autres, prenez
leur version « enrichie ». Autres grands pourvoyeurs
de calcium : les épinards, le chou, le cresson,
les haricots verts, les brocolis, les légumineuses,
les oranges, les kiwis, les groseilles, les mûres,
les figues… mais aussi les poissons gras.

**Ajouter
une touche de couleur**
Une purée rose avec du jus
de betterave, orange avec
1 pointe de paprika, jaune avec
du curry ou encore verte avec
1 touche de pesto maison
(p. 132).

Sauce qui régale
Faire chauffer sur feu
doux 25 cl de crème de soja,
100 g de roquefort, du poivre
noir, 1 pincée de sel et 1/2 c. à c.
de noix muscade râpée.
À napper sur des légumes,
des pâtes ou du riz.

Choco-coulis

Parce qu'il n'y a pas de mal à se faire du bien, les toqués de cacao, dont je fais partie, adorent ajouter un coulis sur un fondant (au chocolat il va de soi), des œufs à la neige, un sorbet (sans lait de vache ou fait maison), un cake (à la banane) ou une crêpe. On a beau être allergiques ou intolérants, on n'en reste pas moins GOURMANDS.

La base de la recette de choco-coulis :

70 à 100 g de chocolat noir à cuire 4 cl de lait végétal (de soja vanillé, de riz, d'amande, de châtaigne, de quinoa, de coco…) ou 2 cl de lait végétal + 2 cl d'un autre lait végétal. Faire fondre le chocolat avec 2 c. à c. d'eau dans une casserole (ou, mieux, au bain-marie) avec le ou les laits. C'est tout.

Sucre glace maison

Plus de sucre glace en stock ? La composition indique la présence d'amidon, incompatible avec l'intolérance ou l'allergie au gluten ? Faites-le vous-même ! Mixez dans un robot du sucre en poudre non raffiné… et le tour est joué !

Booster une crème pâtissière

Selon la recette, ajouter 1 gousse de vanille, 2 gouttes d'huile essentielle de lavande ou d'orange, 1 c. à c. de crème de marrons, 1 pincée de piment d'Espelette et ½ c. à c. de sirop de violette, de cannelle et de cardamome.

Terrine de lotte aux saint-jacques et à l'estragon

Sur le papier, la recette pourrait faire supposer un certain savoir-faire et du matériel ad hoc. Rassurez-vous, ce n'est pas du tout le cas. Le seul petit investissement à faire, les poissons, car ces deux variétés ne sont pas les plus abordables. Cela vaut vraiment la peine pour changer de l'ordinaire, célébrer un événement particulier ou récompenser vos efforts en cuisine. Car, une fois présentée dans l'assiette, cette terrine en jette !

Pour 6 personnes

- 1 kg de lotte
- 10 noix de saint-jacques (fraîches ou surgelées)
- 5 œufs
- 4 courgettes
- 30 cl de lait de soja (saveur neutre)
- 25 cl de crème de soja
- 1 petite boîte de concentré de tomates (70 g)
- 1 cube de court-bouillon (Picard pour sa saveur)
- 3 brins d'estragon frais (ou surgelé ou lyophilisé, par exemple Goutess)
- huile d'olive
- sel et poivre

Laver les courgettes, les essuyer et les couper en rondelles d'environ 2 mm. Faire bouillir 50 cl d'eau avec le cube de court-bouillon. Baisser le feu et y plonger la lotte pendant 10 min. Préchauffer le four à 180 °C. Ajouter les courgettes à la lotte et faire cuire pendant 3 min puis les saint-jacques pendant 3 min. Égoutter l'ensemble délicatement. Couper les saint-jacques en dés et la lotte en morceaux. Battre les œufs, le lait et la crème dans un saladier. Ajouter le concentré de tomates, l'estragon et les deux poissons. Saler et poivrer. Graisser un moule à cake avec de l'huile d'olive puis tapisser le fond avec les courgettes. Verser dessus le contenu du saladier. Faire cuire au four de 25 à 30 min. Après la cuisson, attendre pendant 10 min avant de démouler. À servir tiède ou froid avec du riz safrané ou une salade verte.

Petits panés d'agneau et de porc à la cannelle

Voici une idée de recette pour un soir à s'échanger entre copines. Pourquoi ? Parce que c'est ultra-rapide et ludique à préparer. Ensuite parce que le pané qui croque sous la dent, tout le monde adore. Les petits oublient « avec quoi c'est fait » et en redemandent. Et les grands retombent en enfance en se remémorant les poissons panés de Maman. Le truc d'aujourd'hui : des épices dans la chapelure pour faire voyager les papilles.

Pour 4 personnes

- 300 g de chair d'agneau hachée
- 300 g de filet de porc haché
- 4 œufs
- 200 g de farine (de riz si allergie ou intolérance au gluten)
- 200 g de chapelure sans gluten
- 3 yaourts brassés au lait de brebis
- 5 c. à s. d'huile d'olive
- 2 c. à c. de noix muscade râpée
- 1 c. à c. de curcuma
- 1 c. à c. de cannelle moulue
- 1 bouquet de coriandre (ou équivalent surgelé ou lyophilisé)
- sel et poivre

Mélanger la chair d'agneau, 1 c. à c. de noix muscade et 1 œuf dans un saladier. Saler et poivrer. Faire la même chose avec le filet de porc dans le saladier. Former 8 boules de viande et les aplatir légèrement. Fouetter les 2 œufs restants dans une assiette. Mélanger la chapelure et la cannelle dans une deuxième assiette. Mettre la farine dans une troisième. Enrober les boules de viande successivement dans la farine, l'œuf battu puis dans la chapelure. Faire chauffer 1 c. à s. d'huile dans une poêle. Faire frire les boules de viande à feu moyen pendant quelques minutes de chaque côté. Les réserver sur du papier absorbant. Mélanger les yaourts, le reste d'huile d'olive, la coriandre et le curcuma dans un bol. Saler et poivrer. Servir les boules de viande avec la sauce au yaourt accompagnées d'une purée, de semoule ou d'une salade verte.

Gratin de pommes de terre et de panais

Le panais m'était totalement inconnu il y a encore un an. Il s'est invité dans le panier bio que je vais récupérer tous les jeudis soir avec mes filles à mon Amap* de quartier. Présenté comme cela, je verse un peu dans la « bobo attitude ». Pourtant, la découverte de « légumes oubliés » n'est pas la dernière des vertus de ces démarches alternatives aux réseaux classiques de distribution. Et rendons grâce à cette racine potagère cousine de la carotte pour ses vertus nutritionnelles (acide folique, potassium, vitamines du groupe B) et gustatives (entre le céleri-rave et la noisette). À savoir : le panais se consomme cru, râpé, et cuit, en purée, dans le pot-au-feu, la soupe, les gratins et les ragoûts.

Pour 4 à 6 personnes

- 500 g de pommes de terre
- 200 g de panais
- 25 cl de lait de soja (saveur neutre) ou de lait d'avoine
- 25 cl de crème de soja
- 100 g de roquefort
- 3 c. à s. de moutarde
- 1 c. à s. de curry
- 1 c. à s. de graines de moutarde
- 1 bouquet de persil (ou équivalent surgelé ou lyophilisé)
- sel et poivre

Faire préchauffer le four à 180 °C. Éplucher les pommes de terre et les panais, les laver, les essuyer puis les couper en rondelles de 2 cm environ. Les placer dans un plat à gratin. Mélanger la crème, le lait, le curry, le roquefort, la moutarde au batteur électrique. Saler et poivrer. Verser la préparation sur les pommes de terre et parsemer de graines de moutarde. Faire cuire au four pendant 45 min. Parsemer de persil ciselé ou congelé quelques minutes avant de servir.

* Amap : association pour le maintien d'une agriculture paysanne.

Filet mignon au lait de coco

Économique et délicieux, le filet mignon est un séducteur qui s'ignore. Il se prête avec docilité à toutes nos inspirations culinaires. Sa chair dense et moelleuse se laisse mijoter avec une pléthore d'ingrédients, sans pour autant perdre de ses saveurs et de son authenticité. Bref, un compagnon idéal… en cuisine ! Si vous n'êtes pas porté sur les produits à base de coco, n'ayez crainte, le lait de coco mijoté laisse derrière lui un sillage discret.

Presser le citron et verser le jus dans une assiette. Ajouter 1 c. à c. de poivre, rouler les tranches de viande dans ce mélange et laisser mariner pendant 15 min. Éplucher les carottes et les tailler en rondelles. Éplucher l'oignon (sous l'eau froide pour éviter de pleurer) et l'émincer. Le faire fondre dans une sauteuse avec 2 c. à s. d'huile. Ajouter le curcuma, le lait, la crème, 15 cl d'eau et les carottes. Faire cuire pendant 15 min sur feu doux en remuant de temps en temps. Ajouter la viande, couvrir et poursuivre la cuisson pendant 20 min environ. Hacher la coriandre (si fraîche) et en parsemer le plat au moment de servir. Délicieux accompagné de riz ou de polenta.

Pour 4 personnes

- 700 g de filet mignon de porc tranché
- 3 carottes
- 1 oignon rouge
- 20 cl de lait de coco
- 20 cl de crème de riz
- 2 c. à s. d'huile d'olive
- 1 c. à c. de curcuma
- 1 citron
- 1 bouquet de coriandre fraîche (ou équivalent surgelé ou lyophilisé)
- sel et poivre

Quiche lorraine dans tous ses états

Lorsque j'ai dû m'atteler à adapter les recettes contenant des ingrédients issus du lait de vache, la quiche lorraine fut l'une de mes expériences. Comment recréer cette texture à la fois moelleuse et aérienne ? Un défi aux enjeux multiples, puisque ce plat traditionnel français est aussi le préféré de mon mari. Résultat des courses : « ma » quiche est encore meilleure que celle de sa maman, dixit mon mari, aussi honnête que soucieux de notre équilibre conjugal ! À vous de juger.

Faire préchauffer le four à 180 °C. Préparer la pâte si elle est faite maison. Mélanger les œufs, la crème et les lardons dans un saladier. Poivrer. Étaler du papier sulfurisé dans un moule à tarte, puis la pâte, et la piquer à l'aide d'une fourchette. Verser le mélange. Recouvrir de fromage râpé. Faire cuire au four de 20 à 25 min.

Pour 6 personnes

- 1 pâte brisée bio sans beurre (marques Natoora, Bonneterre, Monoprix, etc.) ou recette de pâte brisée au sarrasin (p. 31)
- 150 g de lardons ou de bacon en dés
- 100 g de tomme de chèvre ou de brebis
- 4 œufs
- 1 brique de crème de soja (25 cl)
- poivre

Variantes

- Ajouter au mélange 200 g de sauce tomate au basilic pour une saveur italienne, qui plaît aux enfants.
- Ajouter sur le mélange des rondelles de bûche de chèvre.
- Ajouter au mélange 100 g d'épinards hachés.
- Remplacer la crème de soja par de la crème de riz pour varier le goût et l'onctuosité.

Lasagnes à la « bolo »

On adore la cuisine italienne pour sa chaleur, sa convivialité, ses saveurs. Aussi parce qu'elle est subtile sans ostentation, facile d'accès sans être simpliste. En prime, elle s'adapte à toutes nos situations de vie, de faim et d'envies. Avant de me lancer, un samedi après-midi pluvieux d'automne, je me faisais un monde de cette recette. Sans doute la crainte de louper la béchamel. Telle fut donc ma surprise de découvrir que mes réticences étaient infondées. Tout le monde en a redemandé autour de la table.

Préparation de la farce : éplucher et émincer les oignons. Éplucher et presser l'ail. Faire revenir l'ail et les oignons avec l'huile dans une casserole. Ajouter la viande et faire revenir sur feu vif pendant 5 min. Ajouter la sauce tomate, le thym, le basilic, 4 gouttes de tabasco et faire cuire sur feu doux pendant 10 min. Faire préchauffer le four à 200 °C. Préparation de la béchamel : faire chauffer le lait dans une casserole. Faire fondre la margarine dans une autre casserole, puis réduire le feu et ajouter la farine en remuant à l'aide d'une spatule en bois. Verser le lait chaud et fouetter énergiquement

Pour 4 personnes

- 6 feuilles de lasagnes sans précuisson

Pour la farce

- 400 g de viande de bœuf hachée
- 200 g de sauce tomate
- 2 oignons
- 2 gousses d'ail (ou équivalent surgelé)
- 2 c. à s. d'huile d'olive
- 3 brins de thym frais (ou équivalent surgelé)
- 2 branches de basilic frais ou 1 c. à c. de basilic surgelé ou lyophilisé
- 100 g de fromage de brebis râpé
- tabasco

Pour la béchamel

- 50 cl de lait de soja (au goût neutre), lait d'avoine (pour une consistance bien moelleuse) ou de lait de riz (pour une béchamel plus légère)
- 50 g de margarine non hydrogénée
- 100 g de farine (ou farine de riz pour les intolérants ou les allergiques au gluten)
- 1 c. à c. de noix muscade râpée
- sel et poivre

au fouet pour éviter les grumeaux. Ajouter la muscade hors du feu. Saler et poivrer. Si la béchamel est trop épaisse, ajouter du lait tiédi. Préparation des lasagnes : dans un plat à lasagnes, verser 1 louche de béchamel et poser dessus 1 feuille de lasagne. Napper de farce, recouvrir de béchamel et recouvrir de 1 feuille de lasagne. Recommencer l'opération 1 fois. Terminer par une couche de béchamel et de fromage râpé. Faire cuire au four pendant 30 min.

Quinoa aux fruits de mer et au piment d'Espelette

Plus souple et légèrement plus charnue que sa jumelle rouge, la graine de quinoa blonde possède également un goût plus fin. Son croquant plaît, de même que sa robe claire qui met de la douceur dans les assiettes. On la cuit dans beaucoup d'eau, pendant guère plus d'une dizaine de minutes afin de conserver ses trésors de bienfaits (riche en protéines, en magnésium et en fer, sans gluten). En l'associant à des fruits de mer, voici un repas du soir prêt en 15 min chrono !

Pour 4 personnes

- 250 g de quinoa rouge
- 1 sachet de 500 g de cocktail de 4 fruits de mer surgelés (Picard)
- 2 c. à s. d'huile d'olive
- 2 gousses d'ail (ou équivalent surgelé)
- 1/2 c. à c. de piment d'Espelette
- 3 branches de coriandre fraîche (ou équivalent surgelé ou lyophilisé)
- 4 branches de persil frais (ou équivalent surgelé)
- sel et poivre

Faire bouillir le quinoa dans une casserole avec 50 cl d'eau salée. Baisser le feu et faire cuire pendant 10 min. Pendant ce temps, faire revenir l'ail et les fruits de mer dans l'huile d'olive sur feu vif. Ajouter 15 cl d'eau, le piment et les herbes aromatiques puis réduire le feu. Faire mijoter à couvert de 7 à 10 min environ jusqu'à ce que les fruits de mer soient cuits. Égoutter le quinoa et l'ajouter au mélange juste avant de servir.

Soupe de lentilles

Les lentilles ont tout bon. En manger le soir dans une soupe, associées à des légumes, c'est faire le plein de protéines, de vitamines en tout genre et de fibre. Les plus rétifs aux lentilles ont été convaincus par cette recette, qui réchauffe et rassasie en même temps.

Pour 6 personnes

- 250 g de lentilles vertes du Puy
- 2 oignons
- 1 poireau
- 1 cube bio de bouillon de volaille
- 2 c. à s. de crème de riz
- 1 c. à s. d'huile d'olive
- 1/2 c. à c. de curcuma
- 1 bouquet de persil plat
- sel et poivre

Éplucher les oignons, les couper en deux (sous l'eau pour ne pas pleurer) et les émincer. Couper les deux tiers du vert du poireau, le rincer sous l'eau puis le couper en rondelles de 2 ou 3 mm. Dissoudre le cube de bouillon dans 50 cl d'eau chaude. Rincer les lentilles sous l'eau. Faire chauffer l'huile dans une casserole, ajouter les oignons, le poireau, le curcuma et 1/2 c. à c. de poivre. Faire revenir sur feu vif pendant 2 min. Ajouter les lentilles, 1 litre d'eau et le bouillon. Porter à ébullition. Réduire ensuite le feu et faire mijoter pendant 30 min. Saler. Passer au mixeur plongeur et ajouter de l'eau pour obtenir la consistance désirée. Incorporer la crème de riz. Laver le persil et le ciseler. Servir chaud et parsemer de persil. Pour un soir, ajouter des lanières de jambon blanc ou du lard et, pour les jours de fête, des dés de foie gras.

Variante

Mettre des lentilles corail à la place des lentilles vertes. Réduire le temps de cuisson à 20 min.

Crème anglaise et ses îles flottantes

Vous vous en croyiez à jamais privé parce que interdit de lait de vache et de tous ses dérivés ? Eh bien non ! À vous la p'tite anglaise pimpante dans sa robe de couleur crème pour accompagner avec élégance les biscuits secs et les cakes. Et vous permettre d'inscrire fièrement à votre menu : « Îles flottantes ». Mon dessert préféré depuis toujours.

Pour 4 à 6 personnes

- 25 cl de lait de soja vanillé
- 75 cl de lait de riz
- 60 g de sucre en poudre non raffiné
- 8 jaunes d'œufs
- 4 blancs d'œufs
- 1 c. à s. de sucre glace
- 1 pincée de sel

Pour faire la crème anglaise, battre les jaunes d'œufs avec le sucre et le sel dans un récipient. Verser le tout dans une casserole. Faire chauffer le lait de soja et 25 cl de lait de riz dans une autre casserole. Verser petit à petit les laits chauds sur le mélange en remuant. Mettre sur feu doux en remuant sans cesse jusqu'à épaississement (lorsque la cuillère se nappe de crème), en évitant l'ébullition. Verser la crème dans un récipient et laisser refroidir à température ambiante en remuant de temps en temps pour éviter la formation d'une peau. Pour préparer les îles flottantes, chauffer le reste de lait de riz. Battre les blancs en neige et incorporer progressivement le sucre glace. Faire frémir le lait. Prélever 6 c. à s. bombées de la préparation des blancs et les faire cuire pendant 5 min dans le lait en les retournant régulièrement. Retirer avec une passoire et déposer sur un papier absorbant. Renouveler l'opération autant de fois que nécessaire. Filtrer le lait pour ensuite l'utiliser pour un milk-shake (p. 124) ou de la pâte à crêpes (p. 30).

Muffins framboise et basilic

Le contraste gustatif framboise/basilic, découvert au hasard d'un dessert chez une amie, est extra. D'où l'idée de le transposer à un grand classique de la pâtisserie britannique, les muffins, qui ne se formaliseront pas de tant de culot. En prévoir au moins deux douzaines à cuire le dimanche, car, à peine sortis, difficile d'attendre qu'ils refroidissent pour les manger.

Pour 10 muffins
- 200 g de farine de riz
- 50 g de farine de quinoa
- 200 g de cassonade
- 100 g de framboises (fraîches ou surgelées)
- 120 g de margarine non hydrogénée + un peu pour le moule
- 2 œufs
- 1 sachet de levure chimique (ou 1 c. à c. de bicarbonate de soude pour l'intolérance ou l'allergie au gluten)
- 2 gouttes d'huile essentielle alimentaire bio de basilic ou 4 feuilles de basilic frais

Préchauffer le four à 180 °C. Faire fondre la margarine dans une casserole. Laver et mixer le basilic frais. Mélanger la cassonade et les œufs dans un récipient. Ajouter les morceaux de basilic ou les gouttes d'huile essentielle, la farine et la levure ou le bicarbonate. La pâte n'a pas besoin d'être homogène. Placer 12 moules en papier graissés dans les empreintes d'un moule à muffins en silicone. Verser la préparation dans chaque moule au 2/3 de la hauteur. Ajouter 1 poignée de framboises dans chaque moule. Faire cuire au four pendant 15 min. Servir tiède ou froid, par exemple nappé d'un caramel fait maison.

Variante pour un petit goût de noisette
Utiliser 200 g de farine de riz et 50 g de farine de châtaigne.

Flan au caramel

Le Flanby, que l'on dégoupille de génération en génération, est interdit aux intolérants et aux allergiques au lait de vache. Qu'à cela ne tienne ! On le fera soi-même. Les secrets de la réussite : laisser le temps au caramel de blondir, sans hâter le processus de transformation, pour ne pas altérer le goût. Et ne pas ménager ses efforts pour le brassage à la spatule en bois.

Pour 4 personnes

- 50 cl de lait de soja vanillé
- 4 œufs
- 100 g de sucre en poudre non raffiné
- 1 g d'agar-agar

Faire fondre 70 g de sucre avec 3 c. à s. d'eau dans une casserole. Faire cuire sur feu doux jusqu'à ce que le caramel prenne (attention aux éclaboussures !). Répartir le caramel dans 4 ramequins individuels et les déposer dans un plat allant au four. Faire préchauffer le four à 180 °C. Battre les œufs avec le reste du sucre dans une casserole jusqu'à ce que le mélange mousse. Faire chauffer le lait de soja dans une autre casserole. Verser progressivement le lait frémissant sur le mélange d'œufs et de sucre en remuant. Délayer l'agar-agar dans un bol avec le reste de lait. L'incorporer à la préparation et laisser frémir pendant 5 min en ne cessant de remuer. Verser dans les ramequins. Verser de l'eau chaude dans le plat, aux 2/3 de sa hauteur. Faire cuire au four de 20 à 25 min. Laisser refroidir. Mon conseil : ne pas tenter le démoulage, souvent hasardeux.

Variante

Remplacer le caramel par 80 g de chocolat à mélanger au lait.

Crème brûlée

Paradoxalement, dans ce dessert chouchou des restaurateurs, ce n'est pas la crème qui est difficile à réussir, mais le « brûlé », soit la délicieuse croûte de caramel. Plus délicat encore : le contraste entre la crème onctueuse presque froide et le croustillant brûlant qui nécessite un vrai doigté, de l'organisation en cuisine et un outillage adéquat (un chalumeau). Trop compliqué pour vous ? Tous les ingrédients utilisés sont bons. Donc, au pire (peu de contraste, croûte pas assez ou trop cuite), vous mangerez une crème aux œufs délicieuse.

Pour 4 personnes

- 25 cl de crème de soja
- 20 cl de lait de soja vanillé
- 6 jaunes d'œufs
- 60 g de sucre en poudre non raffiné
- 2 c. à c. de cassonade
- 1 pincée de sel

Préchauffer le four à 160 °C. Chauffer le lait et la crème avec le sel jusqu'à ce que le mélange frémisse. Faire blanchir le sucre et les jaunes d'œufs dans un récipient. Verser le mélange lait-crème en fouettant vivement. Mettre 4 ramequins individuels dans un plat allant au four. Verser la crème dans les ramequins et mettre de l'eau chaude dans le plat aux deux tiers de sa hauteur. Faire cuire au four pendant 25 min. Quand la crème est cuite, la faire refroidir pendant au moins 2 h. Avant de servir, saupoudrer chaque ramequin de cassonade. Remettre au four en position gril, le temps qu'une petite couche caramélisée se forme, ou utiliser un chalumeau professionnel pour caraméliser mieux et plus vite !

Variante

À la place du lait de soja, utiliser 25 cl de crème de coco pour une texture encore plus fondante et une touche d'exotisme.

Clafoutis aux fruits qu'on aime

Le clafoutis possède une vertu rare en cuisine : il est in-ra-ta-ble. Même le plus débutant des cuisiniers ne peut pas le louper. Adapté à tous les fruits (et légumes !) de saison, ce dessert s'impose quand on n'a absolument pas le temps de passer plus de 10 min en cuisine tout en ayant envie de se régaler. Effet « bingo » à tous les coups.

Pour 6 à 8 personnes

- 400 g de cerises dénoyautées (de saison ou en bocal)
- 120 g de farine de riz
- 80 g de poudre d'amandes
- 4 œufs
- 5 c. à s. de miel d'acacia (ou 100 g de sucre en poudre non raffiné)
- 25 cl de crème de soja
- 50 cl de lait de soja au goût neutre ou vanillé
- margarine pour graisser le plat

Préchauffer le four à 200 °C. Mélanger les œufs au fouet. Ajouter le miel ou le sucre, la farine et la poudre d'amandes. Ajouter ensuite progressivement le lait de soja et la crème afin d'éviter les grumeaux. Graisser un plat à gratin. Déposer les cerises au fond. Verser dessus la préparation. Faire cuire au four pendant 15 min à 200 °C puis pendant 25 min à 180 °C. Le clafoutis est cuit quand la lame d'un couteau en ressort sèche.

Variantes

Abricots, framboises, poires, pommes, pêches, prunes, figues, bananes, rhubarbe… tous les fruits sont permis. Les associations réussies : figues-raisins, pommes-poires, rhubarbe-groseilles, fruits rouges…

Recettes sans lait de vache
et sans gluten

C'est quoi ton secret ?

Ma meilleure mousse au chocolat

C'est bien connu, les saveurs des plats des mamans sont uniques. La mienne prépare une mousse au chocolat inégalée côté texture et goût. Je vous en livre la recette pour 6 personnes : 200 g de chocolat noir à cuire, 130 g de sucre en poudre non raffiné, 4 œufs, 130 g de margarine non hydrogénée, sel. Faire fondre la margarine et le chocolat sur feu doux. Séparer les jaunes des œufs des blancs. Mélanger dans un saladier les jaunes d'œufs et le sucre en faisant blanchir la préparation. Ajouter le chocolat et la margarine. Battre les blancs en neige avec 1 pincée de sel. Les ajouter délicatement à la préparation. Laisser au réfrigérateur pendant au moins 5 h.

Nappage brillant

Comment obtenir un pimpant glaçage au chocolat ? Faire fondre 100 g de chocolat noir et 1 c. à s. de sucre glace avec 10 cl de lait de riz dans une casserole sur feu très doux, puis napper avec une spatule.

Du moelleux pour m'sieu dames !

Pour un clafoutis aux fruits au moelleux irrésistible : utilisez un mélange de farine de quinoa et de riz, du miel et 1 c. à s. de poudre d'amandes.

Du crémeux
pour ces damoiselles

« Ta soupe, trop bonne », comme
disent – quelquefois (!) – mes filles.
Ce qu'elles aiment ? Quand c'est dense.
Mettez 2 ou 3 pommes de terre pour lier et
recouvrez les légumes d'eau, ni plus ni moins
(et mixez toujours, car les enfants détestent
les morceaux suspects). Et, pour le crémeux,
une fois la soupe cuite, j'ajoute
de la crème de riz ou de soja.

Chocolat,
chaud devant !

Envie de douceurs ? Faites
chauffer (sans bouillir) du lait
d'amande ou de châtaigne avec
quelques carrés de chocolat noir.
Mixez pour faire mousser.
Savoureux à la veillée au coin
du feu ou après le sport
pour les graines
de champion.

Vive le riz

Vous ne pouvez plus
compter sur le blé : adoptez
le riz et frimez en société.
Un plat à la carbonara,
une bolognaise, oui,
mais aux nouilles de riz.
Tellement plus
chic !

Au débotté

Fouetter 6 œufs avec
10 cl de lait de riz, du sel et 1 pincée
de piment d'Espelette. Faire cuire
l'omelette à la poêle pendant 5 min environ.
Quand elle est baveuse, ajouter de la ciboulette
et des lamelles d'algues nori (en magasins
asiatiques ou bio). Un plat ultra-rapide
et ultra-bon, qui se prépare en moins
d'un quart d'heure quand des copains
débarquent. À servir avec une salade
verte ou des pommes de terre
vapeur.

Gaspacho de petits pois

Savez-vous pourquoi le petit pois a mauvaise réputation auprès des enfants ? Parce que c'est lui qui empêche de dormir la belle mais très douillette princesse du conte d'Andersen. Pourtant, sous sa délicate peau lisse se cache un cœur tendre à souhait. D'où mon idée de lui redorer le blason grâce à un gaspacho d'un vert éclatant. C'est joli dans les bols et délicieux pour les papilles. Il n'est pas interdit de le préparer à l'avance, ni de lui donner des allures de smoothie. Boire une soupe froide dans un verre : les loupiots vont a-do-rer !

Pour 6 personnes

- 800 g de petits pois écossés, frais ou congelés
- 1 oignon
- 2 c. à s. de crème de riz
- 1 botte de coriandre fraîche
- 3 pincées de curcuma
- sel et poivre

Peler et émincer l'oignon. Faire cuire après ébullition les petits pois dans 1 litre d'eau salée pendant 25 min. Égoutter soigneusement en conservant l'eau de cuisson. Mixer les petits pois très finement avec 1 louche d'eau de cuisson puis ajouter progressivement le reste du liquide. Pour être certain qu'il ne reste plus de peaux désagréables en bouche, passer la soupe au chinois. Ajouter la crème de riz et le curcuma. Saler et poivrer. Laisser au frais pendant au moins 2 h. Ciseler la coriandre. L'ajouter au moment de servir.

Petits flans à la carotte, au chèvre et au cumin

Le flan, c'est rigolo parce que ça « bloblote » et que ça fond sous la langue. Bien sûr, depuis l'enfance, on raffole de ses versions sucrées. Y compris quand on est allergique à l'un des composants clés que l'on peut aisément remplacer par un autre (merci notamment à l'agar-agar, la crème de riz ou de soja). Dans mes velléités de cuisiner varié, équilibré et délicieux, je vous propose de découvrir la face salée du flan associant des légumes (pour la forme), du chèvre et du cumin (pour le goût). À cuire et à servir dans des ramequins individuels qui font toujours plaisir aux convives. Notamment à vos enfants qui vont − enfin − manger des carottes sans rouspéter. Merci qui ?

Pour 6 personnes

- 4 grosses carottes ou deux bottes de carottes
- 2 panais de taille moyenne
- 4 œufs
- 120 g de fromage de chèvre frais
- 30 g de fécule de pomme de terre
- 1 dizaine de brins de persil frais, congelé ou lyophilisé (par exemple Goutess pour la qualité des saveurs)
- 1 c. à c. de cumin
- 1 c. à c. d'huile d'olive
- sel et poivre

Éplucher et couper les carottes et les panais. Les faire cuire dans une casserole d'eau salée jusqu'à ce que les légumes s'écrasent facilement, soit une trentaine de minutes. Les égoutter et les mixer en purée. Faire préchauffer le four à 200 °C. Fouetter les œufs avec le fromage de chèvre, la fécule de pomme de terre et le cumin. Mélanger cet appareil avec la purée de carottes et vérifier l'assaisonnement. Graisser les ramequins à l'aide d'un papier absorbant enduit d'huile d'olive et verser le mélange. Faire cuire au bain-marie de 35 à 40 min. Dès que le centre est cuit, sortir les ramequins pour conserver le moelleux des flans. Parsemer de persil ciselé au moment de servir.

Tarte à l'oignon, au roquefort et au cinq-épices

C'est la curiosité pour des saveurs inédites qui m'a fait découvrir ce mélange magique venu d'Orient. Composé d'anis étoilé, de fenouil, de poivre du Sichuan, de clou de girofle et de cannelle, le mélange cinq-épices (appelé aussi cinq-parfums) apporte une note à la fois douce et fleurie. Quelques pincées dans une compote de fruits frais d'automne (pommes, poires, figues, mirabelles…) ou dans une marinade de viande parfument subtilement les plats. Mon idée dans cette recette : donner des accents d'ailleurs à la classique tarte à l'oignon que j'adore. Idéal pour un soir avec une salade verte.

Pour 6 personnes

- 1 pâte brisée maison (p. 26-27) ou 1 pâte à tout faire maison
- 5 gros oignons jaunes (ou rouges)
- 150 g de roquefort
- 2 œufs
- 10 cl de crème de soja
- 1 c. à c. de cinq-épices
- 1 c. à s. rase de sucre en poudre
- 1 c. à s. d'huile d'olive

Préchauffer le four à 200 °C. Préparer la pâte. La laisser à température ambiante recouverte d'un torchon propre. Éplucher et émincer les oignons. Les faire revenir à la poêle avec l'huile d'olive. Quand ils sont dorés, les faire caraméliser avec le sucre en poudre. Faire fondre le roquefort et les épices dans une casserole sur feu doux. Battre les œufs dans un bol avec la crème de soja et ajouter au roquefort. Étaler la pâte à tarte dans un moule. Garnir avec les oignons puis recouvrir du mélange fromage-œufs-épices. Faire cuire au four pendant 25 min. Servir chaud ou tiède avec une salade verte accompagnée d'une sauce au vinaigre balsamique.

Dauphinois de poireaux à la noix muscade

Voilà un plat pas cher, facile à réaliser et passe-partout comme je les aime. Un soir d'hiver, il s'intercale entre une soupe et un dessert. Il accompagne aussi le gigot d'agneau dominical. Il en reste une ou deux portions ? Tant mieux, car ce plat roboratif est encore meilleur réchauffé. Dans cette version revisitée d'un grand classique du terroir du Dauphiné, le poireau apporte une touche de fraîcheur et de légèreté. La crème de soja liquide donne du moelleux.

Pour 6 personnes

- 800 g de pommes de terre
- 3 poireaux
- I brique de crème de soja liquide (25 cl)
- 2 c. à s. d'huile d'olive
- 2 gousses d'ail
- I/2 c. à c. de noix muscade râpée
- I c. à c. de thym frais (ou congelé ou lyophilisé)
- sel et poivre

Éplucher les pommes de terre, les rincer et les faire cuire à la vapeur de 15 à 20 min environ. Éplucher l'ail et l'écraser. Émincer les poireaux, les couper en julienne (fines lamelles) et les faire fondre dans une poêle sur feu doux avec I c. à s. d'huile et l'ail écrasé. Faire préchauffer le four à 220 °C. Couper les pommes de terre en rondelles pas trop fines (pour conserver le moelleux). Mélanger la crème de soja avec la noix muscade et le thym dans un bol. Graisser un plat à gratin avec le reste de l'huile. Déposer une couche de pommes de terre. Saler et poivrer. Recouvrir d'une couche de crème de soja puis d'une couche de poireaux et d'une autre de crème de soja. Terminer par une couche de pommes de terre et une couche de soja. Faire cuire au four pendant 25 min.

Variante

Remplacer la noix muscade par une moutarde à l'ancienne.

Petits pains fourrés

Comment transformer une sacrée galère – pas le droit de manger du pain acheté chez le boulanger – en une savoureuse tranche de vie ? En mettant la main à la pâte pour confectionner vos petits pains maison, pardi ! D'accord, faire son pain, c'est très tendance. Notamment avec les fameuses MAP (pour les néophytes : machines à pain), très médiatisées, mais assez chères et pas si faciles que cela à utiliser. L'expérience proposée ici est plus simple et plus ludique. Avec un peu de farine de riz (pour la légèreté), de farine de quinoa ou de châtaigne (pour le goût) et une garniture au choix (ou pas du tout), on fabrique avec ses petites mimines des pains tout ronds (si c'est réussi !) et tout bons pour le petit déjeuner, le brunch ou le goûter. À faire en famille !

Pour 8 petits pains

- 200 g de farine de riz
- 70 g de farine de quinoa ou de châtaigne
- 15 g de poudre levante sans gluten
- huile d'olive
- 3 pincées de sel

Pour la garniture (au choix)

- dés de fromage ou de jambon, olives noires dénoyautées, herbes aromatiques ou graines de pavot ou de sésame

Faire préchauffer le four à 260 °C. Verser les 2 farines dans un saladier. Ajouter le sel, 2 c. à s. d'huile et la poudre levante. Mélanger puis ajouter 20 cl d'eau à température ambiante. La pâte gonfle très rapidement. Incorporer la garniture et malaxer légèrement avec les mains farinées. Former de petites boules de la taille d'une mandarine et les déposer sur une plaque huilée. Faire cuire au four entre 15 et 20 min en prenant soin de mettre un bol avec de l'eau sous la plaque pour que les pains ne se dessèchent pas. Ouvrir le four, tirer la plaque et huiler légèrement le dessus des petits pains. Remettre au four pendant environ 5 min. À conserver pendant 1 ou 2 jours dans un torchon propre.

Gratin de veau façon tian

Le tian est à la Provence ce que le gratin est au Dauphinois : une institution du terroir. Sa composition esthétique — une alternance de couches de légumes du Sud généreusement arrosées d'huile d'olive — ensoleille la vue et l'humeur. J'ai conservé la mise en scène et les acteurs principaux en y ajoutant de la viande de veau pour en faire un menu « tout en un ». À servir dans de petits plats à lasagnes pour une présentation sans chichis et raffinée à la fois !

Pour 4 personnes

- 600 g de veau haché
- 4 courgettes (pas trop grosses)
- 2 aubergines
- 4 tomates mûres
- 2 oignons
- 2 gousses d'ail
- 50 g de pignons de pin
- thym et romarin si possible frais (ou congelé ou lyophilisé)
- 2 c. à s. d'huile d'olive
- sel et poivre

Laver et essuyer les légumes. Les couper en tranches de 3 mm environ. Éplucher l'ail et le hacher. Éplucher les oignons sous l'eau froide et les émincer. Les faire blondir dans une poêle avec 1 c. à s. d'huile d'olive et le veau. Faire revenir les légumes dans une autre poêle pendant une dizaine de minutes. Saler et poivrer. Préchauffer le four à 210 °C. Badigeonner d'huile le fond de 2 plats à lasagnes individuels. Alterner dans chacun d'eux les légumes en tranches. Recouvrir de viande, saler et poivrer, puis alterner de nouveau les légumes. Parsemer d'ail, de thym et de romarin puis terminer par 1 filet d'huile. Recouvrir d'une feuille de papier d'aluminium et faire cuire au four pendant 25 min environ. Il faut que les légumes soient confits. Dix minutes avant la fin, parsemer de pignons de pin.

Variante

Remplacer le veau par des rondelles de chèvre frais. Faire cuire au four pendant 45 min environ à 210 °C. Dix minutes avant la fin, enduire la couche du haut de miel légèrement tiédi, à l'aide d'un pinceau, et parsemer de pignons.

Gambas au fenouil et risotto aux épinards

Risotto. Rien que de prononcer ce nom, l'Italie s'invite à notre table. Pas de panique : contrairement à ce que l'on croit, la consistance crémeuse du risotto ne tient pas nécessairement à l'ajout de parmesan ou de crème, mais plutôt à la cuisson de ce riz bien particulier. On le dit compliqué à réussir alors qu'il n'en est rien si l'on respecte les deux secrets pour qu'il soit savoureux et crémeux : le choix du riz et une surveillance sans faille de la cuisson pendant une vingtaine de minutes. Un plat facile, rapide et délicieux.

Pour 4 personnes

- 16 à 20 gambas congelées
- 4 c. à s. d'huile d'olive
- 3 gousses d'ail
- 1/2 c. à c. de piment d'Espelette
- 1 c. à c. de graines de fenouil
- 400 g de riz spécial risotto (arborio, carnaroli ou vialone)
- 1 oignon
- 1 cube de bouillon de volaille (exempt de gluten)
- 200 g d'épinards frais
- 2 tomates

Éplucher l'ail et le hacher. Faire revenir dans une poêle sur feu moyen les gambas dans 1 c. à s. d'huile d'olive avec l'ail, les graines de fenouil et le piment. Faire mijoter sur feu doux pendant 15 min en ajoutant 1 c. à s. d'eau. Éteindre le feu et couvrir. Éplucher l'oignon sous l'eau froide et l'émincer. Faire chauffer 1 litre d'eau et dissoudre le cube de bouillon de volaille. Faire revenir l'oignon dans une casserole avec 2 c. à s. d'huile d'olive. Quand l'oignon est translucide, ajouter le riz et le faire cuire sur feu moyen pendant 2 min. Ajouter 10 cl de bouillon et laisser évaporer. Verser 1 louche de bouillon et mélanger jusqu'à absorption du liquide. Renouveler l'opération jusqu'à ce que le riz soit cuit. Laver les épinards, les essuyer et les émincer. Laver les tomates, les essuyer et les couper en petits dés. Faire revenir les tomates et les épinards dans une poêle avec 1 filet d'huile d'olive pendant 5 min. Ajouter au risotto. Réchauffer les gambas et dresser les assiettes.

Fondant au chocolat et au lait de soja vanillé

Savez-vous qui a inventé cette merveille chocolatée, rendue célèbre grâce à son cœur tendre à souhait ? Le grand chef Michel Bras, qui parvint à obtenir, il y a près de 30 ans de cela, un coulant mi-cuit de texture idéale. Depuis, ce dessert délicieusement régressif a été imité, copié, détourné. Et, désormais, il n'est pas un quidam qui ne possède sa propre recette. Tant mieux, car c'est autant d'occasions de régaler les gourmands. Je vous propose une version très rapide à préparer, qui combine mes ingrédients de prédilection : lait de soja vanillé et chocolat noir. Mon truc : je nappe chaque part de coulis de chocolat au lait de châtaigne. Ou je dépose 1 c. à s. de crème Chantilly-coco (p. 126). Allez… vous en reprendrez bien une p'tite lichette !

Pour 6 personnes

- 200 g de chocolat noir à cuire
- 4 œufs
- 100 g de sucre en poudre non raffiné
- 2,5 cl de lait de soja vanillé
- 3 c. à s. de farine de riz
- margarine végétale non hydrogénée

Préchauffer le four à 180 °C. Séparer les blancs d'œufs des jaunes. Faire fondre le chocolat, le lait de soja et 50 g de margarine dans une casserole sur feu doux. Retirer du feu puis ajouter les jaunes d'œufs et le sucre en fouettant vivement. Ajouter la farine et mélanger au fouet. Battre les blancs en neige bien ferme et les ajouter à la préparation. Graisser un moule de 2 cm de hauteur avec de la margarine. Verser l'appareil dans le moule et faire cuire au four pendant 15 min.

Glace au chocolat

Je n'ai pas mangé de glace depuis vingt ans. Un constat qui affole les fondus de desserts glacés (« Mais comment fais-tu ? ») et attriste les nostalgiques des cornets de glace savourés l'été face à la mer, les doigts de pieds en éventail. Pour les uns comme pour les autres, la période estivale et, globalement, le reste de l'année me sont donc irrémédiablement gâchés par cet interdit fatidique. Ma réponse : « Quand on n'a plus mangé un mets depuis deux décennies, on en a tout simplement oublié le goût. Donc l'envie. » CQFD. Et, une fois n'est pas coutume, mon allergie honnie et pour le moins enquiquinante devient un atout maître : « Tu as de la chance finalement, au moins tu n'es pas tentée par ce qui nous fait grossir. » Et toc ! Pourquoi alors proposer une recette de glace au chocolat ? Pour le plaisir des papilles et l'expérience culinaire.

Pour 6 personnes

- 250 g de chocolat noir
- 3 yaourts au soja nature
- 3 c. à s. de crème de soja liquide
- 1 blanc d'œuf
- 90 g de sucre en poudre non raffiné
- 2 pincées de piment d'Espelette (ou 1 goutte d'huile essentielle bio de mandarine)
- 1 pincée de sel

Faire fondre le chocolat dans une casserole sur feu doux avec 2 c. à s. d'eau. Mélanger les yaourts, le sucre, le piment d'Espelette, la crème et le chocolat dans un saladier. Monter le blanc en neige avec la pincée de sel et l'incorporer délicatement à la préparation. Si l'on n'a pas de glacière, placer la préparation dans un récipient et mettre au congélateur entre 6 et 8 h en remuant régulièrement à l'aide d'une fourchette.

Tarte aux pommes façon normande

Ah ! la Normandie, ses vertes prairies et sa crème fraîche qui confère cette inimitable saveur aux plats du terroir. Je vous propose une version revisitée d'un grand classique local : la tarte normande. Son croquant acidulé se marie étonnamment avec la douce onctuosité de la crème de coco. Un dessert toute saison, inratable, qui fait toujours son petit effet une fois sur la table. Mon conseil : s'il vous reste 1 ou 2 poires, intégrez-les à la recette. On louera encore davantage vos talents de cordon-bleu !

Pour 6 personnes

- 1 pâte à tout faire
- 5 pommes (type clochard ou reinette)
- 4 jaunes d'œufs
- 1 œuf entier
- 50 g de sucre en poudre non raffiné
- 25 cl de crème de coco
- 50 g de poudre d'amandes
- 1 poignée d'amandes effilées

Préparer la pâte et l'abaisser au rouleau à pâtisserie. Tapisser le moule de papier sulfurisé, mettre la pâte dessus et la piquer à la fourchette (pour qu'elle ne gonfle pas à la cuisson). Faire préchauffer le four à 210 °C. Éplucher les pommes, les épépiner et les couper en tranches d'environ 1 cm d'épaisseur. Disposer les tranches sur la pâte. Faire cuire au four pendant 20 min. Mélanger les jaunes d'œufs, l'œuf entier, le sucre, la crème de coco et la poudre d'amandes dans un saladier. Verser sur la pâte, parsemer d'amandes effilées et remettre au four pour 10 à 15 min. L'idéal : la servir encore tiède.

Moelleux choco-châtaignes et framboises

C'est l'exemple typique de la recette qui s'adapte à toutes les situations et que l'on réussit à tous les coups ! Besoin d'un dessert au dernier moment, pour un anniversaire ou pour se régaler un dimanche : en 10 minutes, les moelleux sont au four, et, un quart d'heure plus tard, on peut les attaquer à la petite cuillère. J'ai personnalisé ce classique en ajoutant du yaourt au lait de brebis qui donne… du moelleux ! Et des framboises qui apportent une touche de fraîcheur à la saveur très chocolatée.

Préchauffer le four à 180 °C. Faire fondre le chocolat, le miel et la margarine sur feu doux. Retirer du feu et incorporer au fouet le demi-yaourt. Mettre la préparation dans un saladier, incorporer les œufs et la farine. Mélanger. Verser dans 6 petits moules indivi-

Pour 6 personnes

- 200 g de chocolat noir (spécial dessert, sans gluten)
- 18 framboises (+ pour la décoration)
- 5 œufs
- 50 g de margarine non hydrogénée
- 1/2 yaourt brassé au lait de brebis
- 3 c. à s. de farine de châtaignier
- 1 c. à s. de miel de châtaigne

duels et déposer au centre 3 framboises. Faire cuire pendant 25 min. Servir tiède, décoré de framboises.

Carotte cake à la farine de riz

C'est Barbara, mon amie et jumelle de cœur (nous sommes nées le même jour), qui m'a donné sa recette. Quand j'arrive chez elle et que je sens l'odeur de ce cake, toutes mes bonnes manières s'évanouissent. Je dois le goûter dans l'instant. J'adore cette version pour son moelleux et son équilibre des épices. Ma seule adaptation : de la farine de riz à la place de celle de blé. Que dire de plus de ce classique de la cuisine anglo-saxonne ? Ce n'est pas un gâteau très glamour, d'accord. Mais comme tous les desserts traditionnels, il possède ce don unique de nous faire du bien là où ça peut faire mal.

Pour 6 personnes

- 300 g de farine de riz
- 300 g de carottes râpées
- 100 g de sucre en poudre non raffiné
- 4 œufs
- 10 cl d'huile végétale de noix
- 3 c. à s. de crème de soja
- 50 g de noix de pécan concassées
- 1/2 sachet de levure chimique sans gluten ou 1/4 de c. à c. de bicarbonate de soude
- 2 c. à c. de cannelle en poudre
- 1 c. à c. de gingembre en poudre
- 1 poignée de raisins secs

Préchauffer le four à 160 °C. Battre les œufs avec le sucre, l'huile et la crème dans un saladier. Ajouter la farine, la levure, la cannelle, le gingembre et les raisins. Incorporer enfin les carottes râpées et les noix. Verser la préparation dans un moule à cake beurré et fariné. Faire cuire au four pendant 40 min.

Panna cotta au lait de noisette et à la crème de marrons

Si « crème cuite » évoque quelque chose d'un peu lourd et plein d'ingrédients inavouables, « panna cotta » fait tout de suite plus stylé et nutritionnellement correct. C'est pourtant la même chose ! Je le confesse, j'ai moi aussi cédé aux diktats de la communication pour faire plus « tendance et moderne » dans le sommaire. Au demeurant, ce dessert, superfacile à faire, joli à entendre et à voir, est avant tout à tomber. Le principal, non ?

Porter à ébullition le lait, le sirop d'érable et 20 cl de crème de riz. Ajouter la crème de marrons hors du feu et fouetter pour que la préparation soit homogène. Incorporer l'agar-agar. Remettre sur le feu et laisser frémir pendant 5 min. Verser dans des verrines (ou des pots à yaourt en verre) et laisser refroidir. Recouvrir chaque pot de film alimentaire et laisser au réfrigérateur pendant 2 h. Au moment de servir : faire fondre le chocolat avec le reste de crème de riz. Verser sur chaque panna cotta et parsemer d'amandes.

Pour 4 personnes
- 30 cl de lait de noisette
- 30 cl de crème de riz
- 2 c. à s. de sirop d'érable
- 2 g d'agar-agar
- 70 g de crème de marrons
- 100 g de chocolat
- 50 g d'amandes effilées

Galette des Rois

« J'aime la galette, savez-vous comment ? Quand elle n'est pas chère, avec d'la marga d'dans ! » Un clin d'œil à la célèbre comptine, histoire de passer deux petits messages : 1/ haro sur les tarifs exorbitants pratiqués par certains pâtissiers (vue cette année : jusqu'à 50 euros pour une galette 8-10 personnes !) ; 2/ pas question de ne pas célébrer les Rois comme il se doit sous prétexte qu'on n'a pas droit au beurre. Pour faire plaisir aux enfants, je dépose une fève pour chacun dans la frangipane... sans leur dire. Fous rires garantis !

Pour 6 à 8 personnes

- 2 pâtes feuilletées bio sans gluten (par ex. de la marque Valpiform)
- 80 g de sucre en poudre non raffiné
- 3 œufs
- 60 g de beurre ou de margarine non hydrogénée
- 125 g de poudre d'amandes
- 2 fèves (ou plus !)

Préchauffer le four à 180 °C. Faire fondre la margarine dans une casserole. Mélanger 2 œufs, le sucre puis ajouter la poudre d'amandes et la margarine. Séparer le blanc du jaune de l'œuf restant dans 2 bols. Dérouler une pâte avec son papier sulfurisé sur la plaque du four. Étaler avec précaution la préparation jusqu'à 1 cm du bord. Mettre les fèves. Recouvrir de l'autre pâte. Appuyer avec le pouce pour bien lier les contours et « coller » avec du blanc d'œuf. Décorer le dessus de dessins et de formes avec un couteau à bout rond. Napper ensuite à la main de jaune d'œuf lié ave 1/2 c. à c. d'eau pour que la galette soit bien dorée. Faire cuire au four pendant 30 min.

Variantes

Ajouter 70 g de chocolat noir à cuire à la préparation et/ou des poires coupées en morceaux revenues pendant 5 min à la poêle avec du sucre.

Recettes sans lait de vache
et sans œuf

Vite fait, très bon

Home made houmous

Égoutter et rincer une grande boîte de pois chiches. Mixer avec 2 c. à s. de purée de sésame, le jus de 1 citron (bio de préférence) et 1 gousse d'ail pelée. Goûter. Saler et poivrer, puis étaler sur des tartines grillées pour accompagner une salade verte (mâche, roquette, épinards frais). C'est un peu riche en calories, c'est vrai. Mais c'est tellement bon que l'on peut s'offrir ce plaisir une fois par semaine sans scrupules.

Craquez pour **les petits farcis**

Évider des courgettes rondes et les ébouillanter pendant 10 min. Farcir d'un mélange de chèvre frais, de tapenade et de thym. Évider des petites tomates. Les farcir d'une crème au thon : mixer le contenu de 1 boîte de thon émietté avec 1 c. à s. d'huile d'olive, 10 g de câpres, 15 cl de crème de soja ou de riz et du persil.

Terrine « minute »

Ouvrir 2 bocaux de 100 g de ratatouille. Délayer 1 sachet de 2 g d'agar-agar dans 2 c. à s. de jus de ratatouille dans une casserole et porter à ébullition. Verser la ratatouille dans un moule à cake et ajouter l'agar-agar en remuant bien. Couvrir d'un film alimentaire et laisser prendre au réfrigérateur pendant une nuit. Sympa à l'apéro, pratique en entrée ou pour accompagner une viande froide.

Que faire de vos **fanes de radis ?** Une soupe, pardi ! Faire blondir 2 oignons pelés et émincés dans 2 c. à s. d'huile d'olive. Ajouter les fanes lavées et grossièrement coupées de 2 bottes de radis très frais et 100 g de pommes de terre épluchées, lavées et coupées en morceaux. Faire revenir pendant 1 min sur feu vif puis couvrir d'eau. Saler, poivrer et faire mijoter pendant 20 min. Mixer. C'est prêt, et les enfants, d'abord fort étonnés que l'on puisse manger les « feuilles des radis », adorent. Foi de maman !

Sauce blanche

Un régal sur des légumes ou une terrine pour accompagner le veau, la dinde, le porc ou les poissons, ou encore avec du riz… Faire bouillir de l'eau et délayer au fouet 1½ cube de bouillon de légumes bio. Faire tiédir 50 cl de lait de soja avec le bouillon de légumes dans une casserole sur feu doux. Ajouter 4 c. à s. de crème de riz et remuer jusqu'à épaississement. Saler et poivrer. Pour un chouia d'exotisme dans l'assiette, je remplace la crème de riz par de la crème de coco et je sers la sauce avec du poisson. Ma tablée adore !

Gratin de pâtes à l'estragon

Un plat typique des soirées en semaine ou du dimanche soir qui enchante petits et grands. Encore mieux quand il fait froid et pluvieux. Pendant que le gratin gratine, on met un DVD dans le lecteur, puis on s'installe à deux, en famille ou entre amis pour se régaler en regardant un film d'enfer. C'est pas ça, le paradis ?

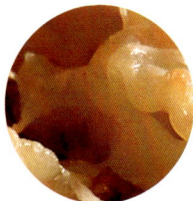

Faire cuire les pâtes al dente dans de l'eau salée et les égoutter une fois cuites. Retirer les deux tiers du vert des poireaux, le fendre en deux, le laver et l'émincer en rondelles de 2 ou 3 mm. Éplucher l'ail et le presser. Laver l'estragon frais et le mixer. Faire revenir à la poêle sur feu moyen les poireaux et l'ail dans 1 c. à s. d'huile d'olive pendant 10 min environ, jusqu'à ce que les poireaux deviennent fondants. Faire préchauffer le four à 180 °C. Battre la crème, l'estragon et 100 g de fromage. Verser ce mélange dans la poêle et éteindre le feu. Ajouter les pâtes et remuer. Verser le tout dans un plat à gratin huilé et parsemer du fromage restant. Faire cuire au four pendant 20 min afin que le dessus soit bien doré. Accompagner d'une salade verte.

Pour 4 personnes

- 150 g de fusilli
- 400 g de poireaux
- 130 g de tomme de brebis râpée
- 25 cl de crème de riz
- 2 gousses d'ail
- 2 branches d'estragon frais (ou équivalent surgelé)
- huile d'olive
- sel et poivre

Soupe minute aux épinards et à l'oseille

« Les légumes verts, c'est suspect », expriment en substance les enfants. Avec cette soupe couleur gazon british, on fait d'une pierre deux coups. On mange des légumes sans s'en rendre compte tout en faisant le plein de vitamines. Pour aller plus vite, j'achète les épinards et l'oseille chez mon copain Picard, donc en version surgelée. Je sais qu'en révélant cette « faiblesse », je vais énerver Jean-Pierre Coffe, qui n'apprécie pas du tout cette approche aseptisée du remplissage de panier. Mais c'est tellement pratique quand on entame sa deuxième journée… à 19 h !

Pour 6 personnes

- 700 g d'épinards frais ou congelés
- 200 g d'oseille fraîche ou congelée
- 2 c. à s. de crème de riz
- 2 c. à s. d'huile d'olive
- 1 c. à c. de curry
- 1 cube de bouillon de volaille bio
- sel et poivre

Faire fondre le cube dans 25 cl d'eau. Équeuter et laver les feuilles d'épinard et d'oseille frais. Les faire revenir avec le curry à l'huile d'olive dans une grande casserole. Ajouter le bouillon et 1 litre d'eau, puis faire cuire pendant 10 min. Mixer la soupe. Incorporer la crème à la soupe en fouettant vivement. Saler et poivrer. À servir avec des croûtons de pain.

Parmentier de canard

Pour 4 personnes
- 6 cuisses de canard confit
- 500 g de pommes de terre
- 20 cl de lait d'avoine
- 30 g de margarine
  non hydrogénée
- 2 oignons
- 4 c. à s. de chapelure
  sans gluten
- 1/2 c. à c. de curcuma
- 1 bouquet de persil frais
  (ou équivalent surgelé)
- huile d'olive
- sel et poivre

D'Antoine Augustin Parmentier (1737-1813), l'histoire a d'abord retenu les talents du publicitaire imaginatif qui a rendu la pomme de terre populaire. Mais l'homme qui donna son nom à l'un de nos plus appréciés plats du terroir fut d'abord un éminent agronome, à l'origine de la création de la première école de boulangerie française. Préparé la veille, le Parmentier réchauffé à four tiède (100 °C) est encore meilleur.

Éplucher les pommes de terre, les laver et les faire cuire à l'autocuiseur pendant 20 min. Désosser les cuisses de canard et les mixer. Éplucher les oignons, les couper en deux sous l'eau froide et les émincer. Laver le persil et le hacher. Préchauffer le four à 180 °C. Faire revenir les oignons, le canard, le curcuma et le persil avec 2 c. à s. d'huile d'olive dans une poêle pendant 5 min environ. Écraser les pommes de terre au moulin à légumes. Ajouter un peu de jus de cuisson, 1 c. à s. d'huile d'olive et, progressivement, le lait d'avoine afin d'obtenir une consistance moelleuse. Saler et poivrer. Huiler un moule à gratin. Y verser le contenu de la poêle puis ajouter la purée. Saupoudrer de chapelure et disposer quelques noisettes de margarine sur le dessus. Faire cuire au four pendant 15 min, puis terminer par 5 min sous le gril.

Variante
Préparer une purée de pommes de terre (250 g) et une purée de carottes au cumin (250 g) puis alterner les couches de purées pour un bel effet visuel dans l'assiette.

Tagine de poulet au lait de coco

Prononcez le nom « tagine », et les senteurs d'ailleurs accourent. Fondée sur le même principe que notre cocotte nationale — on fait mijoter à l'étouffée sur feu très doux —, cette cuisson donne du moelleux aux aliments et libère en douceur les saveurs. Le must : faire cuire le tagine dans le four.

Retirer les premières feuilles (plus épaisses) du chou, le passer sous l'eau puis le couper en fines lamelles. Retirer le vert des poireaux, couper les blancs en deux, les rincer et les émincer en fine rondelles. Faire revenir le poulet dans l'huile d'olive dans un plat à tagine ou une cocotte pendant 5 min. Ajouter les légumes, la pâte de curry et le lait. Saler et poivrer. Couvrir et faire mijoter pendant 1 h 30 sur feu doux en remuant. Laver le persil et le ciseler. En parsemer le plat au moment de servir.

Pour 4 personnes
- 800 g de blanc de poulet
- 1 petit chou vert
- 2 poireaux
- 20 cl de lait de coco
- 1 bouquet de persil
  (ou équivalent surgelé)
- 2 c. à s. d'huile d'olive
- 1 c. à c. de pâte de curry
  moyennement corsée
  (en grandes surfaces,
  rayon exotique)
- sel et poivre

Crumble tomates, artichauts et poivrons

Ce dessert, piqué aux Britanniques, a d'emblée suscité l'intérêt des cuisinières frenchies du quotidien. Les principales raisons ? C'est rapide à préparer (on peut même congeler la pâte), et la texture, à la fois croquante et fondante, est divine. Adoubé en version sucrée, le crumble est moins pratiqué – à tort – avec du salé. À découvrir, donc, grâce à cette recette aux accents méditerranéens.

Pour 4 personnes

- 4 tomates
- 4 fonds d'artichaut frais (ou surgelés)
- 1/2 sachet de poivrons grillés Picard (soit 150 g)
- 100 g de farine de riz
- 70 g de margarine non hydrogénée
- 2 gousses d'ail
- 3 branches de thym (ou équivalent surgelé)
- 3 branches de basilic (ou équivalent surgelé)
- 1 c. à s. d'huile d'olive
- sel et poivre

Faire cuire les fonds d'artichaut dans de l'eau bouillante jusqu'à ce qu'ils soient tendres, puis les couper en dés. Éplucher l'ail et l'écraser. Laver les tomates et les couper en dés. Laver les herbes et les ciseler. Faire revenir les poivrons et l'ail avec l'huile dans une poêle pendant 5 min, ajouter les tomates, les artichauts et les herbes puis poursuivre la cuisson sur feu doux pendant 10 min. Préchauffer le four à 200 °C. Verser dans un plat à gratin ou dans des ramequins individuels. Couper la margarine en morceaux. La malaxer à la main avec la farine, 2 pincées de sel et 1 pincée de poivre afin d'obtenir une texture sableuse. Couvrir les légumes avec cette pâte et napper d'un filet d'huile d'olive. Faire cuire au four pendant 25 min. Idéal pour accompagner une viande ou un poisson.

Minicocottes de saint-jacques aux carottes à l'orange

Franchement craquantes, les minicocottes mettent en scène les plats. Vos enfants détestent le poisson autre que pané ou exècrent les carottes : tentez votre chance avec cette approche ludique des produits de la mer et de la terre. Un plat qui convient bien aussi pour un dîner convivial avec les copains ou les beaux-parents, qui seront enthousiasmés par votre originalité culinaire (alors que c'est simple comme chou).

Pour 4 personnes

- 20 noix de saint-jacques fraîches ou surgelées
- 75 g de carottes
- 20 g de margarine non hydrogénée
- 1 litre de jus d'orange
- 3 gousses d'ail
- 4 étoiles de badiane
- 1 c. à c. de gingembre en poudre
- 1 cube de bouillon de volaille
- sel et poivre

Préchauffer le four à 180 °C. Peler les carottes et les couper en rondelles. Peler et hacher l'ail. Faire fondre la margarine dans une poêle. Ajouter l'ail, la badiane et les carottes. Faire revenir pendant 5 min en remuant de temps en temps. Répartir le contenu dans 4 petites cocottes. Dissoudre le cube de bouillon dans 50 cl d'eau chaude. Ajouter dans chaque cocotte 25 cl de jus d'orange, 1/4 de c. à c. de gingembre et 1 c. à s. de bouillon. Couvrir. Faire cuire au four pendant 20 min. Ajouter 5 noix de saint-jacques par cocotte et remettre au four pour 5 min. À servir avec du millet ou du riz basmati.

Gratin de poisson aux brocolis et au chou-fleur

Manger en un seul plat du poisson et deux légumes de la famille des crucifères, contre lesquels les enfants (et leurs papas) ont de longue date passé un pacte secret pour les bannir des menus : tel est le pari de ce plat. La réussite est totale partout où ce gratin a sévi !

Pour 4 personnes

- 4 filets de merlan, de cabillaud ou de flétan
- 1 chou-fleur
  (ou 450 g de bouquets de chou-fleur surgelés)
- 3 brocolis
  (ou 450 g de brocoli surgelé)
- 25 cl de crème de soja
- 100 g de roquefort
- 1 gousse d'ail
  (ou équivalent surgelé)
- 1 branche de thym
  (ou équivalent surgelé)
- huile d'olive
- 1/2 c. à c. de noix muscade râpée
- sel et poivre

Ôter les feuilles et le trognon du chou-fleur, séparer les bouquets et les rincer. Couper les bouquets des brocolis et les rincer. Les faire cuire à la vapeur pendant 15 min (pour les légumes surgelés, suivre les indications de cuisson). Faire préchauffer le four à 210 °C. Huiler un plat, disposer les filets de poisson au fond, les saler et les poivrer. Ajouter les légumes. Ajouter 2 c. à s. d'huile d'olive, le thym et la muscade. Saler et poivrer. Éplucher l'ail et le couper en morceaux. Faire chauffer la crème et l'ail dans une casserole sur feu doux. Ajouter le fromage et mélanger jusqu'à ce qu'il soit entièrement fondu. Verser cette préparation sur le plat. Faire cuire au four pendant 10 min.

Taboulé aux fruits

À la fois diététique et énergétique, ce dessert se prépare la veille au soir pour le lendemain, afin que toutes les saveurs se mêlent et s'entrechoquent. On l'emporte au petit matin dans sa *lunch box*. Et on se régale aux collations de 11 h et de 16 h, en faisant rager les collègues et néanmoins copines de bureau. Il en reste : soyez magnanime et partagez !

Pour 2 personnes

- 75 g de quinoa
- 1 pomme
- 1 poire
- 1 banane
- 1/2 mangue
- 1 kiwi
- 2 citrons verts
- 2 c. à s. de sucre en poudre complet non raffiné
- 1/2 c. à c. de cannelle moulue
- 1 pincée de gingembre en poudre
- sel

Faire cuire le quinoa pendant 10 min dans une casserole d'eau bouillante. L'égoutter sous l'eau froide. Éplucher les fruits et les couper en petits dés. Arroser du jus des 2 citrons. Ajouter le sucre, la cannelle et le gingembre. Laisser au réfrigérateur pendant 30 min avant de le consommer.

Cookies aux pépites de chocolat

Spécialité américaine, les cookies se déclinent à l'infini. J'ai opté pour l'incontournable recette au chocolat, histoire de bien maîtriser le mode opératoire. Pourquoi cette prudence ? La réelle rapidité de préparation ne doit pas occulter le point crucial de la réussite du biscuit : la cuisson. Et là, ça se corse un peu. Le cookie à point est celui qui ressort encore souple du four. Il durcira à l'air libre. Mon conseil : utilisez une boule à glace pour obtenir des gâteaux de même forme.

Pour 16 cookies environ

- 250 g de pépites de chocolat noir
- 200 g de farine de riz
- 130 g de margarine non hydrogénée
- 100 g de poudre d'amandes
- 130 g de sucre en poudre non raffiné
- 1 c. à c. de levure chimique
  (ou 1/2 c. à c. de bicarbonate de soude)
- 3 c. à s. de lait de soja ou d'avoine

Préchauffer le four à 180° C. Mélanger la margarine, le sucre et la poudre d'amandes. Ajouter le lait. Incorporer la farine, la levure ou le bicarbonate de soude et les pépites. Mettre une feuille de papier sulfurisé sur une plaque de cuisson. Déposer dessus des c. à s. rases de pâte en espaçant les cookies de 3 à 4 cm. Aplatir légèrement la pâte à l'aide du dos d'une cuillère farinée. Faire cuire au four de 10 à 15 min. À savourer tiède ou froid. Se conserve pendant quelques jours dans une boîte hermétique.

Variante

Mettre 150 g de farine de riz + 50 g de farine de châtaigne ou de quinoa.

Milk-shake aux framboises

Les biolaits épatent absolument tous ceux qui les boivent. À commencer par les enfants, qui apprécient ces boissons colorées dont la saveur ne ressemble à aucune autre connue. Le tout premier compliment : c'est bon (comme si les laits végétaux pouvaient être mauvais !). Le deuxième (des adultes) : c'est à la fois onctueux et léger. Eh oui, être allergique n'a pas QUE des désavantages ! En plus, on a dans un verre sa ration quotidienne de fruits. Qui dit mieux ?

Pour 2 personnes

- 25 cl de lait de soja vanillé
- 25 cl de lait d'avoine
- 150 g de framboises fraîches ou surgelées
- 3 c. à s. de sirop d'agave

Laisser au réfrigérateur tous les ingrédients pendant au moins 2 h. Les verser dans le bol du robot. Mixer pendant quelques secondes. Servir aussitôt.

Variantes

Elles sont infinies !

Remplacer les framboises par d'autres fruits rouges ou par 2 bananes, 3 kiwis, 4 abricots, etc. Ajouter des épices et quelques gouttes de jus de citron. Troquer le duo de laits végétaux par un autre de texture légère : lait d'amande et lait de riz ou lait de riz et lait de noisette, par exemple.

Tartes fines figues-bananes et leur crème chantilly-coco

Un dessert toute saison, élégant et original, prêt en moins d'une demi-heure, une gageure ? La preuve que non avec cette recette qui résulte d'une expérience culinaire a minima : bidouiller quelque chose avec ce que j'ai en stock et très peu de cuisson. Au final, une curiosité pour les becs sucrés.

Pour 4 personnes

- 4 feuilles de pâte filo
- 50 g de figues fraîches ou surgelées
- 2 bananes
- 10 g de margarine non hydrogénée + un peu pour graisser les moules et la pâte filo
- 2 c. à s. de sucre en poudre non raffiné
- 25 cl de crème de noix de coco
- 80 g de sucre glace

Placer la crème de noix de coco, un petit récipient et les fouets du batteur électrique au congélateur pendant 20 min. Préchauffer le four à 210 °C. Badigeonner de margarine fondue 4 moules à tarte individuels. Découper chaque feuille de pâte filo en 4 carrés de même taille. Les graisser avec de la margarine. Garnir chaque moule de 4 petits carrés de pâte en veillant à bien tapisser le fond. Faire cuire au four pendant 7 min. Démouler et laisser refroidir. Couper les figues et les bananes en morceaux. Les faire revenir dans une poêle avec la margarine et le sucre en poudre pendant 5 min. Sortir la crème, le récipient et les fouets du congélateur. Battre la crème de 3 à 4 min, puis incorporer 70 g de sucre glace et continuer de battre pendant quelques minutes jusqu'à obtenir une consistance ferme. Napper les fonds de tarte de cette crème Chantilly. Disposer les fruits et saupoudrer avec le sucre glace restant. Servir aussitôt.

Truffes de Noël

Évidemment, si la crème est interdite, difficile d'avoir la mine réjouie quand les gourmandises des fêtes de fin d'année vous filent sous le nez. A fortiori quand on est petit. Seule solution, les faire à la maison, si possible en famille pour le moment de convivialité partagé. On s'y met par exemple un dimanche matin de décembre tristounet où le ciel de traîne fiche le cafard. Allez zou, toute la tribu en cuisine, les mimines bien propres.

Pour une trentaine de pièces

- 400 g de chocolat noir
- 40 g de margarine non hydrogénée
- 3 c. à s. rases de crème de soja liquide
- 1 c. à c. de cannelle moulue
- 1 c. à c. de gingembre en poudre
- 1 c. à c. d'extrait de vanille
- 1 goutte d'huile essentielle alimentaire bio à la mandarine
- cacao bio en poudre (amer ou sucré)

Faire fondre le chocolat, la margarine et la crème de soja sur feu doux en remuant régulièrement afin d'obtenir une pâte homogène. La répartir immédiatement dans 4 bols. Ajouter 1 épice différente par bol et la goutte l'huile essentielle dans le dernier. Laisser durcir pendant 2 h au réfrigérateur. L'après-midi, tapissez du papier sulfurisé de cacao en poudre (sans lait). Verser du cacao en poudre dans une assiette plate. Prélever 1 c. à c. de pâte. Former 1 petite boule avec les doigts puis la rouler dans le cacao. Faire de même pour les autres truffes. Elles se conservent pendant 1 semaine au frais (mais pas au réfrigérateur, car elles seraient trop dures).

Variante

Pour un effet croquant, rouler les truffes dans de la noix de coco râpée.

Recettes sans lait de vache,
sans gluten et sans œuf

Recettes pour briller en cuisine

Pasta party

Mixer dans le bol d'un robot
3 beaux bouquets de basilic frais
à grandes feuilles, 3 gousses d'ail
épluchées, 50 g de pignons de pin et
15 cl d'huile d'olive. Se conserve pendant
1 semaine au réfrigérateur. Un classique
de la cuisine italienne, cette version de
pesto sans fromage est à découvrir
pour accompagner un plat
de pâtes.

Crème savoureuse

Cuire à la vapeur 1 kg
de petites courgettes. Les égoutter
et les presser à la fourchette pour
enlever le maximum d'eau. À mixer
dans un robot avec 3 bottes de feuilles
de basilic, 4 gousses d'ail et 5 c. à s.
d'huile d'olive. À étaler sur du pain
grillé ou pour accompagner
de la viande blanche.

Salade qui en jette

400 g d'épinards frais,
100 g de foie gras coupé
en morceaux, 200 g de magret
de canard fumé coupé en petites
lamelles, 2 c. à s. de vinaigre de
curcuma (Domaine de Scipion),
3 c. à s. d'huile d'olive,
coriandre fraîche et poivre
du Sichuan.

Dessert minute

Faire chauffer dans une casserole sur feu doux 1 litre de lait d'amande ou de noisette, 4 g d'agar-agar et 50 g de chocolat noir à cuire. Laisser frémir pendant 3 min. Ajouter 1 c. à s. de sirop d'agave. Verser dans des verrines et parsemer de pralin (en grandes surfaces ou chez le pâtissier). Servir tiède ou frais.

Huîtres chaudes à tomber

Mettre dans chaque huître 1 filet d'huile, quelques morceaux d'ail, du poivre, du sel et 1 croûton de pain. Faire gratiner au four à 220 °C pendant 10 min. Servir chaud.

Apéro chic

Mixer au robot 2 petites betteraves crues, 2 petits radis noirs, 1 pot de fromage de chèvre (type Petit Billy), 1 c. à c. d'huile de noix et 1 c. à c. d'estragon. À tartiner sur du pain grillé aux noix ou aux raisins. Une recette découverte grâce à l'Amap (association pour le maintien d'une agriculture paysanne), à laquelle je suis inscrite depuis un an.

Comment dorer sans jaune d'œuf ?

Tout simplement en badigeonnant votre tourte avec du lait végétal au goût neutre et vos desserts avec du lait végétal sucré.

Rouleaux de printemps aux petits légumes croquants

Le rouleau de printemps est en quelque sorte la version orientale de notre sandwich. Ces en-cas nomades, qui se préparaient traditionnellement, comme leur nom l'indique, à l'arrivée des beaux jours, ont séduit les cinq continents. Chez vous, préparez-les à l'avance. Ou bien organisez une « Asian party » : disposez les différents ingrédients autour de la table et laissez vos invités composer leur rouleau perso.

Peler les carottes et les râper. Laver et couper les radis dans le sens de la hauteur. Peler le concombre, l'épépiner et le couper en lamelles. Couper la viande en lamelles et la cuire sur feu doux dans une poêle huilée. Égoutter les pousses de soja et les graines germées. Remplir une assiette d'eau chaude, y tremper les feuilles de riz pour les assouplir, puis les déposer sur un linge humide. Superposer 2 feuilles de riz dans une assiette. Sur le bord, déposer quelques lamelles de poulet et de concombre, des carottes, des radis, des pousses de soja et des graines germées. Saupoudrer de gomasio. Rouler sans fermer les extrémités. Procéder de la même façon pour les 3 autres rouleaux. Les envelopper ensuite dans du film alimentaire et les laisser au réfrigérateur pendant au moins 1 h. Mélanger les ingrédients de la sauce dans un bol. Servir accompagné de riz blanc.

Pour 4 personnes

Pour les rouleaux
- 2 escalopes de poulet
- 8 petites feuilles de riz (en magasins asiatiques)
- 4 radis
- 2 carottes
- 1/2 concombre
- 1 petite boîte de pousses de soja
- 1 barquette de graines germées (alfalfa par exemple)
- gomasio (condiment au sésame qui remplace le sel)
- huile d'olive

Pour la sauce
- 2 c. à s. de vinaigre de riz
- 1 c. à s. de sauce soja (vérifier l'absence de gluten)
- 1 c. à c. de miel liquide
- 1 c. à c. d'huile d'olive
- 3 gouttes de tabasco

Tarte au pistou de basilic et d'épinard

Parce qu'il fleure bon la Provence et ensoleille les repas, le pistou constitue une préparation culinaire indispensable à maîtriser. Sur des pâtes, du riz, des légumes, à tartiner ou, comme ici, sur un fond de tarte mélangé à du tofu soyeux, il régale à coup sûr la tablée. Mon conseil : offrez-vous un pilon et un mortier pour écraser les feuilles « à l'ancienne ». Le résultat en termes de parfums et de saveurs est inégalable.

Pour 6 personnes

- 1 pâte brisée à la farine de riz (p. 30)
- 250 g de tofu soyeux
- 1 gousse d'ail pressée
- 70 g de feuilles de basilic
- 50 g de feuilles d'épinard frais
- 80 g de pignons de pin
- 3 c. à s. d'huile d'olive
- sel et poivre

Préparer la pâte et l'étaler dans un moule. Faire préchauffer le four à 180 °C. Mixer pendant plusieurs minutes tous les ingrédients du pistou. Saler et poivrer. Étaler la garniture sur la pâte. Faire cuire au four de 25 à 30 min. Servir immédiatement, accompagné d'une salade de roquette.

Variantes

Mettre du persil à la place du basilic. Mélanger à proportions égales oseille et épinard.

Pizza bacon, chèvre et origan

En matière de *world food*, la pizza est reine. Aucun autre plat (les pasta mises à part sans doute) ne fait autant l'unanimité. Modèle d'intégration culinaire, chaque culture s'est appropriée cette recette italienne ancestrale pour la décliner à la mode de chez elle. Le premier secret d'une pizza réussie ? La pâte. Le deuxième ? La faire monter dans un saladier enduit d'huile d'olive. Place ensuite à l'inspiration du moment. Ma proposition « bacon-chèvre-origan », qui remporte tous les suffrages de ma tablée, en appelle beaucoup d'autres.

Pour 4 personnes

- 1 pâte à pizza (p. 31 ou pâte à pizza sans gluten Valpiform)
- 300 g de purée de tomates bio
- 10 tranches de bacon
- 1 bûche de chèvre
- 1 c. à s. d'origan lyophilisé
- 1 c. à s. d'huile d'olive
- sel et poivre

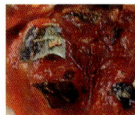

Préparer la pâte et l'étaler sur du papier sulfurisé sur la plaque du four. Préchauffer le four à 220 °C. Verser la purée de tomates sur la pâte et la répartir avec le dos d'une cuillère à soupe. Saler légèrement et poivrer. Couper les tranches de bacon en lamelles et les disposer sur la pâte. Couper la bûche en rondelles de 3 à 4 mm d'épaisseur et les répartir sur la pâte. Parsemer la pizza d'origan et terminer par 1 filet d'huile. Faire cuire au four pendant 20 min.

Variantes

Ajouter du basilic frais haché ou surgelé à la purée de tomates. Remplacer le bacon par du jambon blanc ou des petits lardons fumés.

La purée dans tous ses états

« C'est moi qui l'ai faite ! » Cette phrase, prononcée avec fierté par la cuisinière, prend une valeur toute symbolique quand elle caractérise la purée qui se trouve dans son assiette. Comprenez : « Je n'ai pas ouvert un sachet de purée lyophilisée. J'ai pris le temps d'éplucher et de couper les légumes. Je me suis consciencieusement appliquée à réduire en purée le tout en une préparation qui vous apportera de la sollicitude et du bonheur. » Donc, la prochaine fois que vous inscrirez « purée » à votre menu, imaginez une présentation digne des émotions qu'elle suscite.

Pour 6 personnes

- 1 kg de légumes
- 75 cl de lait d'avoine, de riz ou de soja
- 4 c. à s. d'huile (d'olive, de noisette, de noix, de sésame…)
  ou 80 g de margarine non hydrogénée
- sel et poivre

Éplucher les légumes et les faire cuire à l'eau salée ou à la vapeur. Conserver un peu de jus de cuisson. Faire tiédir le lait végétal. Écraser les légumes au moulin à légumes ou au presse-purée. Lier avec 1 ou 2 c. à s. de jus de cuisson. Ajouter le lait, l'huile ou la margarine et rectifier l'assaisonnement.

Mon conseil

Laissez la peau des pommes de terre pour la cuisson afin qu'elles n'absorbent pas l'eau de cuisson et ne soient pas trop aqueuses quand elles passeront au moulin.

Les fromages de chèvre frais et le roquefort donnent du caractère. Les herbes aromatiques (persil, ciboulette, thym, coriandre, estragon…) et/ou 1 à 2 c. à c. d'épices (gingembre, curry, cumin, curcuma…), ajoutées après avoir pressé la purée, boostent les saveurs.

Velouté de fèves au cerfeuil

Plat ancestral, agrémenté hier d'un quignon de pain ou d'un morceau de viande les jours fastes, la soupe trouve aujourd'hui encore sa place sur nos tables. Il faut dire qu'elle a tout bon : elle réconforte, réchauffe, réhydrate et nous permet de manger des légumes sans s'en rendre compte. Quand l'équilibre nutritionnel s'allie au bon goût, il faut en redemander un bol ! Quant aux fèves, ces légumineuses, riches en fibres et en protéines, sont idéales en plat du soir. D'où l'idée de les cuisiner dans une soupe veloutée en y ajoutant une pointe de cerfeuil pour sa saveur musquée proche de l'anis. Facile, délicieux et rapide à préparer si l'on opte pour des légumes surgelés.

Si les fèves sont fraîches : les écosser, les faire blanchir pendant 30 s dans l'eau bouillante et retirer la peau. Dissoudre le cube dans 50 cl d'eau chaude. Faire cuire les fèves avec le bouillon obtenu et 1 litre d'eau pendant 10 min dans une casserole. Ajouter le cerfeuil. Mixer longuement et ajouter la crème de riz.

Pour 4 ou 5 personnes

- 450 g de fèves fraîches
  ou 1 sachet de fèves pelées surgelées
  (Picard)
- 1 cube de bouillon de légumes bio
- 3 c. à s. de crème de riz
- 2 c. à c. de cerfeuil frais
  (ou surgelé ou lyophilisé)

Brandade de colin au gingembre

Repenser une recette à l'aune de la substitution procède à la fois du mimétisme (être le plus proche possible de la texture et du goût) et de la création (ajouter sa petite touche perso qui distinguera son plat d'un autre). Exemple typique de cette double quête, cette brandade d'inspiration nîmoise passée à la Moulinette des interdits alimentaires de cette partie du livre. Au final, un plat qui ressemble autant à son modèle d'origine qu'il s'en distingue. À vous de juger !

Pour 4 personnes

- 600 g de filet de colin (ou de cabillaud)
- 600 g de pommes de terre
- 50 cl de lait de riz
- 50 cl de crème de soja
- 40 g de chapelure sans gluten
- 2 branches de thym
- 1 feuille de laurier
- 4 branches de persil
- 1/2 c. à c. de gingembre moulu
- 2 c. à s. de ciboulette fraîche (ou équivalent surgelé ou lyophilisé)
- 2 c. à s. d'huile d'olive
- sel et poivre

Porter à ébullition le lait et la crème. Saler, poivrer et ajouter le thym et le laurier. Faire pocher le poisson pendant 10 min dans ce mélange. Égoutter le poisson et l'écraser à la fourchette. Éplucher les pommes de terre, les rincer et les faire cuire dans le mélange lait-crème en remuant de temps en temps. Faire préchauffer le four à 240 °C. Les égoutter et les écraser à la fourchette ou au presse-purée. Mélanger la purée au poisson en intégrant 1 c. à s. d'huile d'olive, le gingembre et quelques cuillerées à soupe de liquide de cuisson. La purée doit rester consistante. Rincer la ciboulette fraîche, la ciseler et l'ajouter à la brandade. Verser la préparation dans un plat allant au four. Recouvrir de chapelure et arroser de 1 filet d'huile d'olive. Faire gratiner au four pendant 15 min. Laver le persil, le ciseler et en parsemer le plat au moment de servir.

Soupe de crevettes au lait de coco

Comme vous l'avez peut-être constaté au fil du livre, j'aime la soupe. Mes filles et mon mari, par amour — et souvent par manque de choix, vu que j'officie le plus souvent en cuisine —, ont adopté mon appétence inconditionnelle pour la chose. Car, été comme hiver, mes petits bols beige et blanc se remplissent chaque soir ou presque. Que voulez-vous, la soupe a tout bon : elle est diététique, esthétique et sympathique. Pour changer de l'ordinaire, une libre adaptation de soupes asiatiques dégustées çà et là.

Pour 4 personnes

- 12 crevettes roses cuites (type Madagascar)
- 20 cl de lait de coco
- 1 cube de bouillon de légumes bio
- 5 branches de coriandre fraîche (ou équivalent surgelé)
- 2 c. à s. d'huile de pistache ou de noix (ou neutre)
- 1 c. à c. de pâte de curry
- 1/2 cm de gingembre frais (ou 1 c. à c. de gingembre congelé)
- sel et poivre

Laver la coriandre, l'effeuiller et la ciseler. Dissoudre le cube de bouillon dans 50 cl d'eau chaude. Peler le gingembre frais et le râper. Faire chauffer l'huile dans une sauteuse avec la pâte de curry. Faire ensuite revenir les crevettes de 3 à 4 min dans ce mélange. Ajouter le bouillon, le lait de coco et le gingembre. Faire frémir et laisser cuire sur feu doux pendant 10 min. Rectifier l'assaisonnement. Verser dans des bols (3 crevettes/personne) et ajouter la coriandre. À manger chaud.

Suggestion d'accompagnement

Du millet saupoudré de paprika (cuisson : 10 min), très digeste, sans gluten et résolument tendance.

Riz au lait végétal à la vanille

Vous recherchez un dessert familial, à la fois réconfortant pour les papilles et adapté à la digestion diurne, histoire de faciliter l'arrivée de Morphée : faites-vous du riz au lait. J'ai redécouvert ce dessert en testant la simplissime et « succulentissime » recette de Sonia Ezgulian avec différents laits végétaux. Tentative réussie si l'on surveille la cuisson… comme le lait sur le feu !

Rincer le riz. Fendre la gousse de vanille en deux. Extraire les graines à la pointe d'un couteau. Faire cuire le riz dans le lait de riz, le lait de soja et les graines de vanille sur feu très doux jusqu'à absorption complète du liquide, en remuant régulièrement. Ajouter le sirop d'agave et la cannelle. Verser dans des ramequins. À manger tiède ou froid avec des fruits frais, par exemple des framboises.

Pour 4 à 6 personnes

- 50 cl de lait de riz
- 30 cl de lait de soja à la vanille
- 150 g de riz blanc à dessert à grains ronds
- 3 c. à s. de sirop d'agave
- 1 gousse de vanille
- 1 c. à c. de cannelle moulue

Variantes

Remplacer le lait de soja par du lait d'amandes, de noisette ou de quinoa. Remplacer le sirop d'agave par du sirop d'érable ou du miel liquide d'acacia. Ajouter hors du feu 30 g de chocolat noir, des raisins secs et/ou des fruits confits.

Crème au chocolat au tofu soyeux

Comme je l'explique au début du livre, j'ai découvert le tofu soyeux assez récemment. Désormais, une barquette trouve toujours sa place dans mon réfrigérateur. Pour se faire la main avec cette texture absolument divine, rien de tel que la recette de crème au chocolat prête en 10 min chrono !

Pour 6 personnes

- 400 g de tofu soyeux
- 200 g de chocolat noir à cuire (à 70 % si possible)
- 3 c. à s. de sirop d'agave

Faire fondre le chocolat avec 2 c. à c. d'eau dans une casserole sur feu très doux. Verser le chocolat fondu, le tofu soyeux et le sirop d'agave dans un mixeur et battre pendant 3 min afin d'obtenir une crème lisse. Verser dans des verrines ou des ramequins. Laisser au réfrigérateur pendant 1 nuit. À manger seul, avec une soupe de fruits rouges ou pour accompagner le cake à la confiture (recette pages suivantes).

Variantes

Mettre 250 g de crème de marrons à la place du chocolat et du sirop d'érable à la place du sirop d'agave. Parsemer de vermicelles de chocolat (comme sur la photo).

Cake à la confiture

Trish Deseine, dont j'adore autant l'approche simple et généreuse de la cuisine que le franc-parler, évoque ainsi les cakes : « C'est le genre de gâteaux que nous, les Irlandaises, nous avons toujours à la maison. [...] Ils renferment tellement de choses positives ! On les partage, on les garde longtemps. » Tout est dit. J'ai, comme elle, cet amour inconditionnel et insatiable pour ces desserts indémodables. Mon conseil pour cette recette : optez pour des confitures bio dont la consistance rappelle celle du chutney et ou de la marmelade.

Pour 6 personnes

· 100 g de sucre en poudre non raffiné
· 175 g de farine de riz (ou 120 g de farine de riz et 55 g de farine de châtaigne ou de quinoa)
· 100 g de raisins blonds
· 100 g de raisins de Corinthe
· 150 g de margarine non hydrogénée
· 1 c. à s. de confiture de figues bio
· 1/2 c. à c. de bicarbonate de soude (ou 1 c. à c. de levure chimique sans gluten)
· 1/2 c. à c. de quatre-épices

Préchauffer le four à 160 °C. Graisser et fariner un moule à cake. Mettre tous les ingrédients dans un mixeur et battre jusqu'à ce que le mélange soit bien homogène. Verser dans le moule et faire cuire au four pendant 1 h. Le cake est cuit quand la pointe d'un couteau en ressort sèche. Laisser refroidir pendant 10 min et démouler.

Variante

Confiture d'abricots, de fraises, marmelade d'oranges, chutney à la mangue… toutes les saveurs sont permises. La texture du cake variera légèrement en fonction de la confiture choisie.

Tarte épicée bananes-frangipane

Bien avant l'avènement de la *world food,* j'utilisais des épices. Mon quarté gagnant (cannelle, vanille, curry, gingembre) s'est peu à peu étoffé. Cumin, curcuma, cardamome, fenouil, anis étoilé, girofle, quatre-épices… j'ai découvert la personnalité de chacune. J'en mets dans tout, de l'entrée au dessert, mais sans systématisation. Ma ligne directrice : exalter les saveurs.

Pour 6 personnes

- I pâte sablée (p. 32, ou une pâte sablée prête à l'emploi sans gluten ni beurre)
- I20 g de sucre en poudre non raffiné
- I00 g de margarine non hydrogénée
- I00 g de poudre d'amandes
- 30 g de cassonade
- 5 bananes (pas trop mûres)
- 2 c. à c. de cannelle moulue
- I c. à c. de quatre-épices

Préchauffer le four à 180 °C. Préparer la pâte et l'étaler dans un moule à tarte chemisé de papier sulfurisé. Couper les bananes en rondelles. Les faire revenir pendant 5 min dans une poêle avec I c. à c. de margarine, les épices et 20 g de sucre. Faire ramollir la margarine dans une casserole. Mélanger le reste de sucre, la margarine et la poudre d'amandes. Étaler cette frangipane sur la pâte. Disposer les bananes. Saupoudrer de cassonade. Faire cuire au four pendant 25 min. À manger tiède accompagné d'une crème Chantilly au lait de coco.

Madeleines vanille-chicorée

S'installer en cuisine pour préparer quelques fournées de madeleines, c'est un peu comme faire un câlin à son doudou. On prend zéro risque d'être déçu. On s'assure même un moment de pure félicité, là, bien au chaud et en sécurité dans son antre à mitonner des biscuits-plaisir. Profitez pleinement de cette parenthèse enchantée en la partageant avec vos enfants, vos ami(e)s, vos chéri(e)s.

Pour 15 madeleines

- 2 yaourts au soja nature
- 200 g de farine de riz
- 20 g de farine de châtaigne
- 20 g de poudre d'amandes
- 200 g de sucre en poudre non raffiné
- 60 g de margarine non hydrogénée
- 3 c. à s. de lait de soja vanillé
- 2 c. à c. de chicorée en poudre
- 1 c. à c. d'extrait de vanille bio
- 1/2 sachet de levure sans gluten (ou 1/4 de c. à c. de bicarbonate de soude)

Préchauffer le four à 180 °C. Faire ramollir la margarine dans une casserole sur feu doux. Mélanger tous les ingrédients. Mettre la pâte dans des moules en silicone et faire cuire pendant 30 min environ.

Variante

Remplacer la chicorée par du cacao en poudre en même proportion.

Index thématique

• *Sans lait de vache* • *Sans gluten* • *Sans œuf*

Index alphabétique

La genèse du livre

© Studio Bruno Cohen

adresse e-mail : patriciacoignard@orange.fr

Depuis plusieurs années, j'écris des articles consacrés à la cuisine et à la nutrition pour la presse magazine et le Web. Au fil des saisons, j'adapte aussi à ma sauce les recettes glanées au cours de mes enquêtes, découvertes sur Internet ou dans les ouvrages que j'achète en nombre. En toute logique, l'idée d'un livre culinaire me titillait. Ma rencontre avec Sonia Ezgulian, ex-journaliste à *Paris-Match* devenue cuisinière de talent et auteur de nombreux livres culinaires, a contribué à concrétiser cette envie. Après quelques mois passés à peaufiner un synopsis, cette dernière eut en effet la gentillesse de me mettre en contact avec Raphaële Vidaling, la créatrice de la collection « Mon grain de sel ». Des dizaines d'heures en cuisine puis devant l'écran de mon ordinateur plus tard, j'apporte avec beaucoup de bonheur ma contribution à cette série de petits livres ludiques et très utiles à ma cuisine du quotidien. J'ai écrit l'ouvrage que j'aurais rêvé acheter lorsque mon allergie fut découverte il y a vingt ans. J'espère qu'il incitera les allergiques et les intolérants à dédramatiser leur nouvelle approche de la cuisine. Qu'il aidera la famille et les copains à cuisiner des plats adaptés à cette problématique alimentaire. Et, pourquoi pas, qu'il donnera envie à tous de s'aventurer dans un univers culinaire différent. Bonne popote !

Merci à mes deux filles, Jade et Salomé, et à mon mari, Guillaume, pour leurs encouragements et leur intérêt toujours renouvelé à goûter mes expériences culinaires. Merci à Emmanuelle, Débora, Barbara, Claudine, Séverine, Stefan, Marie-Claude, Annie... et tous les autres amis qui, depuis toujours, adaptent leurs bons petits plats à mon allergie alimentaire. Merci à Catherine, élue meilleure « second » de l'année ! Merci à Sonia pour son soutien chaleureux et tous ses précieux conseils. Merci à Raphaële, David et Lore pour leur attention bienveillante et leur gentillesse. Et merci à ma maman, qui m'a transmis les clés d'une cuisine équilibrée et savoureuse.

Conception graphique : Claire Guigal
Mise en pages : David Reneault et Lore Gauterie
Photogravure : Frédéric Bar
Fabrication : Thomas Lemaître et Cédric Delsart

© Tana éditions
ISBN : 978-2-84567-574-2
Dépôt légal : avril 2010
Imprimé en Espagne